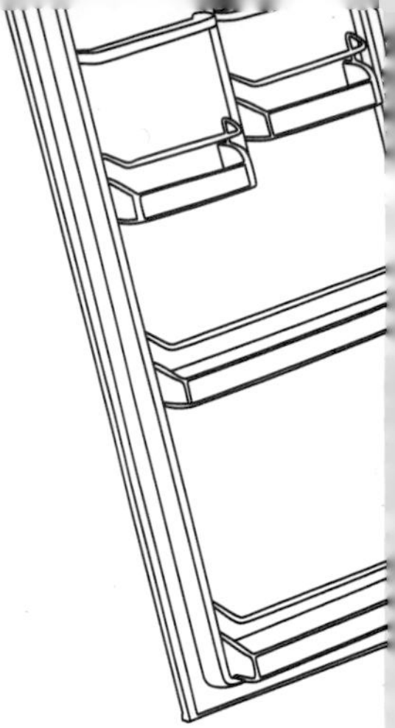

當冰箱只剩下烏魚子

從世界走回自己，從外在轉向內心，
來一場人生優雅的斷捨離

蘇宇鈴——著

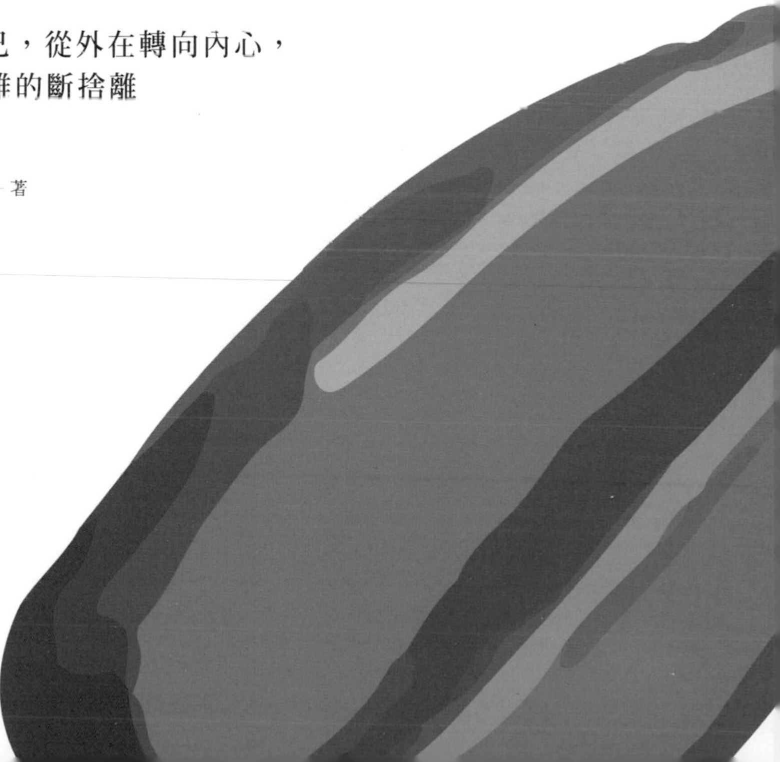

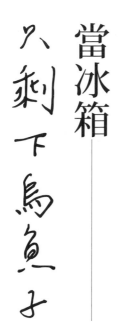

目錄

推薦序——張鈞甯

喜歡Annie的文字，總會在被她某段話感動的瞬間，又因為某些情境「噗哧」的發出會心一笑。

Annie有著令我羨慕，說走就走的勇敢，同時又能從她的文字中看到她旅行中遇見的困境，感受她的窘迫與可愛，這樣的發現，宛如文中她發現「義大利大廚芭芭拉，原來也有不會的事情」，認識了另一面的她。而透過文中煮菜、料理、分享人生經驗，我們發現人與人之間的共性原來如此普遍。身為好友以及讀者的我，很享受跟著她的雙腳、雙眼踏遍世界的同時，感受細膩的她透過文字傳達出來的人生觀、價值觀……果真是一杯熟成的威士忌啊！有過人生經歷，被歲月堆疊出的層次感，在她身上散發出自信的女人味，迷人如她的文字，幽默詼諧而又特誠懇與真實。

或許也是因著她充滿對世界的好奇心，Annie 身上永遠有一種強而有力的吸引力。因為豐富的人生經歷，她有一種強大的力量，那是種圓潤、又充滿包容及理解的力量。於是，我總想靠近她，點杯喜歡的波爾多紅酒，坐在她身旁，默默地聽她說著生活中各種嚴謹、創意、科學、隨性又充滿樂趣的故事。

給所有翻開這本書的朋友，這本書，絕不是〈當冰箱只剩下烏魚子〉裡該有的產物，趕緊往下閱讀，好好的享受她吧！

推薦序——龔大中

山高海深都無法形容我與安妮學姊的好交情，我們甚至合組名為滾滾紅塵的兩人團體，不定期練團練肖話人生。話雖如此，記憶中真正和安妮一起的旅行卻只有兩次，一次是西安，另一次是京都。

但我總覺得自己跟她去過好多地方，東京皇居外圍的春天跑步，烏布河谷祕境的微光米其林，佛羅倫斯中央市場牛肚包配Chianti當早餐，慕尼黑瑪麗恩廣場一定要喝卻不一定好喝的觀光客啤酒……好多地方都是因為安妮說我才去的，那些她精彩傳神又饒富況味的描述在我面前真實展開的奇妙時刻，彷彿就是我們一起去的無誤。

旅行是這樣，食物也是這樣，人生更是這樣。安妮分享的，美麗的、哀愁的，輕盈的、沉重的，成熟的、幼稚的，明亮的、黑暗的，酸的甜的苦的辣的，我都感同身受，她走過了，她描述著，我想像著，我遇上了，不斷地交織迴響，都成為我們共同的經歷。這樣的關係，你不覺得很棒嗎？

這是一本什麼樣的書，很難定義，也不需要定義，我只知道你讀了安妮想與你分享的，然後你體會了，你懂了，你就加入我們這個很棒的團體了。

自序

生命中的要與不要

二〇一九年快結束的最後一週，我住進了峇里島烏布的某個小花園裡。脆綠又高大的椰子和芭蕉樹，蜿蜒曲折的小徑，隨處可見的佛像上擺著溫柔的白色雞蛋花。以樹木建造的屋舍，一間間座落在高低起伏的小山坡上，屋裡是來自世界不同國家、不同年紀的瑜伽士。

瑜伽中心有幾張大木頭長桌。兩年前我也來過這裡，坐在同樣的地方和不同的陌生人共享一張餐桌，共渡等待上瑜伽課的時光。這裡的食物異常地

好吃。烤蔬菜裹羅勒醬灑上豆苗葉的手捲，以米粉彩椒和豆腐佐以新鮮香料並沾上花生醬的越南春捲，五彩繽紛的熱帶水果擠上萊姆並淋上當地自製優格醬的早餐碗。「嘿！你點的那個好吃嗎？」常常就這樣，陌生人間的問候從食物開始，我們在同一張桌子上短暫交換彼此截然不同的人生。

在旅途上，我總是遇見許多可愛有趣的人們。每每見到那些和我截然不同的人，我總是貪婪地想從對方身上，吸取一些自己沒有的，那些什麼。普羅旺斯的小咖啡館，坐我對面的是一對第一次見面約會的可愛老人。他們的調情從彼此喪偶的痛和互相安慰一路延伸到膝關節保養上。我一面啃著火腿三明治，一面豎起耳朵忍著笑默默記下他們的對話。我不知道自己到了七十歲時，是否也能像他們一樣用十七歲的心再度享受愛情的美好；在前往義大利五漁村的火車上，一位五十幾歲辭去工作四處旅行的夏威夷 X 光技師拿出一張張手機照片，不斷說服我人生一定要爬一次聖母峰，他眼中散發的光芒，在我心中默默刻下了自己已然忘記的，冒險的味道。因為一杯咖啡、一個三明治、一碗湯，每次和陌生人的交談，我都感到自己身上充滿著能貪婪地活好幾種不同人生的可能性。

而旅行時滿載的夢想，卻總在回到自己家中打開冰箱看到空無一物的那一瞬間，回到了現實。那些被盈滿的靈感和經驗，總能讓自己決定勇敢地丟棄現實生活中的一些什麼，掏空後，重新再來。

為了在職場上爬得更高、更遠而失去了征服聖母峰的勇氣；因有了孩子的牽絆而失去了在西西里島公路上獨自駕車的自由；在佛羅倫斯百花大教堂前見證了戀人，自己卻失去了對愛的信心和勇氣。我們總是在做人生的選擇題。想要的，很多，卻發現不想要的，更多。

這才驚覺，人生其實就是一連串決定「要」與「不要」的課題，一連串充滿叉路與轉彎的旅程。要什麼，不要什麼；往左走，還是往右轉，看似簡單，卻很少人能遊刃有餘。所以我決定寫下這些年來人生旅行中的故事。希望自己不管最終做了什麼選擇，放棄了什麼，還是能在日常的生活裡幽默地優雅轉身。

第一章

啟程

孤獨的旅行者

直至最近，我才明白原來有一個詞叫「孤獨旅行者」（Solo traveler）。我深深為它著迷。對我來說，它像是在古代朝著聖地前進的步行僧侶般，充滿一種獨特的神聖魅力。

其實指的不就是一個人去旅行而已嘛！

然而不知不覺地，我也漸漸變成這個名詞的集合體。有些人某一天在神明前虔誠地發誓，從此要成為素食主義者，或在某天太陽升起時，語重心長地決定自己從此成為一個「跑者」，從此開啟某種神性的人生。我當然不是那樣，當某天我一個人揹著包包坐在托斯卡尼的小餐館邊看書邊吃著義大利肉醬麵時，赫然發現自己在別人眼中，已經成為那樣的人了。

為什麼？說起來其實沒有為什麼。就是想要去旅行吧！每次決定要出發，才發現身邊的朋友完全無法配合。結婚的朋友必須請示另一半，有小孩的說要先找到人帶孩子才行，同事們請假的時間無法碰上，家裡的人說：「算啦！出門好麻煩。」我常想，如果要等到我這些可愛的朋友們在某種天時地利人和的狀況下，神奇地組合好才能出發去旅行，那麼我這輩子最遠可能只能旅行到上海浦東（這麼說來，我上海的朋友們，連一起相約去靜安公園的時間都不曾有），於是我自然而然、不假思索地自己訂了機票和酒店，揹著包包，就這麼出發了。從剛開始的一星期、二星期，到一個月、五個月，最後發現獨自旅行真的已經成為我生活裡很重要的事了。

我想，內心深處一定是有什麼被觸動了，讓我認為揹起背包一個人上路，身體內的某些細胞一定會產生永久性的質變。走遍了世界各地，以及那些還沒有走遍的世界各地，當一個人在陌生城市的地下鐵望著地圖摸不著頭緒時，或一人徒步走在山道裡，或開車穿梭在葡萄園間，確實能感到身在這偌大世界的中心的我，是如此的渺小；而一個人踏在陌生土地上的我，卻又如此的強大。在旅程的過程中，我看見了更多的世界，以及那個從日常慣性中抽離，更令我驚訝的自己。

「世界是一本書，不旅行的人只讀了一頁。」我曾經在旅行時的某個地方看到了這句話。

「為什麼不？」「啊！原來像他這樣也可以！」我常對旅行中遇到的人們帶給我的衝擊，默默地驚嘆不已。也許，旅行的過程中我也自然而然地給了別人某種衝擊，光是這麼想著，就能讓人充滿動力。當我們待在自己的舒適圈太久，當我們習慣用同樣的眼光以千篇一律的方式進行移動時，我們常常失去了「為什麼不？」的可能性。與其羨慕別人擁用那麼不同的人生經歷，不如想著：「啊！這樣也可以！」然後揹起包包，走出門去。

說到底，單身也好，已婚也好，人的一生，誰不是孤獨的來，孤獨的走？

而這段人生旅程上一路遇見的那些各式各樣的人，幸運地，也許互許終身，也許共享一張餐桌，也許互搶一個坐位，也許順便散個步，也許在喝杯咖啡後就知道該互道再見，也許……再下一站又莫名其妙地再相見了。這麼一想，對於那些在這條人生旅程中遇見的人，不管我們之間產生了什麼樣的對話、美妙的互動或不是那麼愉快的關係，那些好與不好的，那些讓我們銘記在心或巴不得想要趕快忘掉的人們，也許都該謝謝他們。至少因為遇見他們，讓我得以在這一本叫做「人生」的書，寫下一些不怎麼無聊的故事。

所以，我準備好了心情，收拾好行囊，在包裡放好了護照和自己最喜歡的帽T，扔了些皮夾裡再也不想保留的東西，買好機票，又往前了一步。我相信這段孤獨卻又不孤獨的人生旅程，還有意想不到的故事，在前面等著我去寫。

第二章

GPS

好吧！我迷路了。

接下來怎麼辦？

手上握著方向盤，汗一滴一滴地流，在這個千年古城錯綜複雜的小徑裡，進退兩難。

幾前天，我開著這台車身輕快地就要在馬路上飄起來的福特小轎車，左手邊是緊鄰著山崖一棟又一棟的美麗別墅，右手邊是耀眼的蔚藍海岸，從馬賽漁港吹來的海風有淡淡的鹹味，還有一股悠閒的情調。這本該看上去是一幅美好的渡假風景，可是坐在駕駛座上的我，卻緊張地手心發汗、肩膀發抖，踏著煞車和油門的腳早已痲痺，背脊上一陣涼意，而心裡，正用我所有能用的不同語言的髒話，咒罵著自己。

兩個多星期前，我突然決定一人到南法開車旅行。我就是常常這樣突然決定要做某件事，下一秒一回神就已經在前往那件事情的道路上了。聽起來真的是個超級有行動力的好個性，但要命的是，通常我這樣的雙魚座傾向於把任何事情以完全抓不對重點的方式浪漫化，卻從來沒仔細想過做那件事情本身最重要的部分。一般人在做了這樣的決定後，可能開始著手研究：在完全陌生的地區，行車安全注意事項以及最佳路線規劃、早已訂好旅館算好點對點之間的距離和時間等等。而我的心思和大腦卻早已徜徉在普羅旺斯的薰衣草花園，居然還心心念念著要編輯什麼完美的歌單在車上作為自己一路徜徉南法公路的人生主題曲。至於要把車開去哪裡，怎麼開，卻完全沒有想過。

我就是這樣，只訂了第一個晚上的旅館，在網上租了一台車，帶了護照和一只行李箱，大膽地上了路。其實，這是我人生中第一次一個人旅行，當然也是我人生中第一次在完全陌生的國家租車。有點興奮，卻又緊張。一般人常說，旅行的旅伴最難找，要找到意見相合、生活方式相近和旅行習慣又一致，在旅途中不會爭吵的旅伴，機會微乎極微。也因此我自信地覺得，身為一個行事獨立身經百戰的都會熟女，最完美的旅伴，其實就是我自己。

事後我發現自己大錯特錯。

一個人最糟的旅伴，其實就是自己。旅行中，那個工作時用腦過度、行事嚴格、超級愛寫計劃書、確認細節的我，和私下生活相當之隨興（散漫）的另一個我，總是吵得不可開交；那個「旅行就是要做自己，隨心所至才能嚐到人生不同風景」的浪漫我，和「一個人外出一定要小心謹慎降低風險」的理智我，總是時時刻刻對抗著。於是當我在馬賽機場下飛機後終於費了一番心力找到了租車中心時（其實也就是在眼前十公尺之處，我居然還用

Google map……），而前台的法國女士說著我實在聽不太懂的法式英文向我解釋各種保險收費和注意事項（根本沒在聽），浪漫的我戰勝了理智，思緒早已經飛到十萬八千里外的蔚藍海岸了。

拿到車鑰匙後，GPS上的語文選項著實讓我掙扎了一番。我像是選擇出國伴遊般的小心謹慎，挑選著名單上和我有緣千里一線牽不同國籍的人。選誰呢？德文？義大利文？西班牙文？好吧，理智的我在這個名單選項裡似乎沒有太多選擇——中文？沒有呢！好吧！那就是英文了（其實我根本只會中文和英文，有什麼難選的）。咦！光是英文，又有美式英文，英式英文，還各分男女，選擇焦慮症的我，又陷入了糾結。優雅的英國女士安琪拉，有禮的英國紳士詹姆士，美國陽光大男孩麥可，活力四射的美國妞瑞秋，到底該選誰呢？這件事關乎接下來十五天法國旅行的親密小夥伴，不能不慎重。

而我幾乎是在五秒內就決定放棄了二位男性友人，因為我開車時最討厭男性在旁邊指指點點（哪位女生喜歡呢），考慮到身在歐洲還是要有點「歐洲Fu」，安琪拉雀屏中選，成為我一路開車的親密小夥伴。我甚至在發動引擎上路前，還慎重地向安琪拉說：「你好，請多多指教啊！」

然而安琪拉並不是我想像的那樣。

上路五分鐘後，我徹底的被恐懼給吞蝕著。安琪拉小姐雖然盡責地以英語指導著我，但開車的人都知道GPS的指示總是會有時間差，這個時候得靠自己的肉眼辯識路名和車況；然而，寫著法文的路名別說我看都看不懂，聽也聽不來；更別說，馬賽當地的道路我完全不熟悉。我手抓著方向盤，開始發抖，嚇到無力的腳踩著煞車卻被凶猛的法國駕駛惡狠狠的超車，我心中無力的吶喊著：停車！停車！先靠邊停一下！重來！重來！然而在一望無際的高速公路上，蜿蜒的公路映著蔚藍的海岸，根本完全停不下來啊！

隻身於一個完全不熟悉的陌生國度，沒有人能讓你用撒嬌來做決定，沒有人能在出錯時讓你發洩生氣，沒有人能在理智和衝動間替你做調停，沒有人能在迷路時給你安慰。取而代之的是，在舉棋不定時，他打擊你的自信心，在失意挫折時，他對你落井下石，在本該理智清醒時，卻又誘惑你，任由你放肆。最難搞的旅伴，其實就是你自己。一個人上路，自由，卻也充滿恐懼。

所以當亞維儂的民宿主人尚皮耶先生穿著優雅的呢布襯衫站在莊園門口歡迎我時，我簡直是看到了救星，巴不得此生就住在這個莊園裡，不再開車出門。接下來的幾天，我徹底愉快地遺棄了我的車，和在車上吵得不可開交的兩個自己，賴在尚皮耶先生的廚房裡，聽著他溫柔幽默的法式英語，手輕輕一揮地煎出香滑的法式雞蛋捲，替客人做早餐。尚皮耶先生的法式炒雞蛋，其實並沒有什麼特別的材料或工藝。可能因為融合了普羅旺斯山居生活特有的緩慢，連攪拌出來的雞蛋捲，都特別溫柔。

直到有一天，他扶著老花眼鏡低頭瞅著我說：「你為什麼不出門？」「出了門又會迷路了……」我害怕地說著。他兩眼一翻，拿出一張泛黃的地圖紙說：「就是這樣走，接著在這裡轉彎，這麼簡單！去吧！去看看我們千年歷史的古城，都來到這裡了，你不會後悔的！」「但是，」他接著說：「要記住，在我們這裡，第一條規則，千萬，千萬不要把車子開到古城裡去；你必須在城外的停車場把車停好，用走的進去。聽到沒，千～萬～不～要！而且，不要相信GPS，千～萬～不～要聽GPS的，要相信你自己。規則第二條？沒有第二條了。」他像個交待著少女不可走進森林否則就會被野獸吞掉的千年古僧，戴著老花眼鏡說著一種無法違逆的古老訓戒。我心中反覆背誦著那條規則，不斷給自己信心喊話，手心發麻地又上了路，前往亞維儂古城。

然而天真的我，我又被自己給騙了。

這一刻。我真很想把車子和安琪拉任性地扔在這裡，一路頭也不回地逃離到沒有GPS、不需要開車找路的世界盡頭。在這千年歷史的亞維儂古城裡，我在鋪著古老石板的羊腸小路上，汗流浹背的左轉、右轉、倒車、迴轉。像是在迷宮裡，緊張、焦慮、手心發汗，永遠繞不出這千年古城。而安琪拉小姐絲毫不表同情，用她冷酷而理智得接近冷眼旁觀的無情，看著我這披頭散髮的東方女性，闖入了這個不歡迎外人的禁地。明明不是說不能把車開到古城裡，我卻是在關鍵的時刻，沒有相信自己，又任由GPS把自己帶到完全不該走的路。

這一路上，我的確有許多時刻提醒自己，好像不該朝這走，走錯了，想要回頭，卻又懷疑著自己，把方向盤交給了安琪拉任由擺布。說到底，明明有直覺，明明握著方向盤的是自己的手，卻又不相信自己。於是走到這一刻，我卡在這條只容下一台車的古老石路前，前方是怎麼也轉不過去的小巷，後方是一台雷諾小車，車裡的法國人已失去了耐性，靜靜地等著我。世界好像在那一刻停止了，我把頭埋在方向盤，失去了勇氣、失去了方向、也失去了自信，無法前進，也無法後退。安琪拉像壞掉的唱盤一樣，仍重覆說著她完全無用的指令，耳邊響起了尚皮耶先生的提醒：「相信你自己。」我忍住眼淚，懊悔和焦慮擁上心頭。我感覺那車裡和錯綜複雜的小徑，是我人生的縮影。我感到徹底的孤獨。明明手握著自己的方向盤，心卻任人宰割。

也許迷了路、開錯了方向並不是什麼大不了的事，但我心裡知道，人生就是方才那二十分鐘的縮影。也許這個階段的我，和我身邊的中年級好友們，生活就像卡在了這座千年亞維儂古城。它有著上百條錯綜複雜的小路，每一個轉角卻又轉入了另一條更小的路。每條路都是一個不同的選擇，在這裡選了不同的路，你又會被帶到另一個方向。而讓人生氣的是，我們不再青春，不再有時間能揮霍著來慢慢思考合適的道路；時間是最大的敵人，我們必須在每個轉角立刻做決定，而後承擔那個決定帶你去的不同風景。工作、愛情、婚姻、小孩、自我、朋友、父母、老闆、同儕、新生、死亡、病痛……它們每條路，都有不同的名字；停下來，往前走，左轉，碰了壁，向後退，再往前。我知道自己握著方向盤的手愈來愈厚實，可是愈來愈多的轉角卻讓我更心虛。我想自己是不是就這樣漸漸地變老，在這些好多好多的轉角上，失去了判斷又迷了路。我究竟能相信誰，誰又能替我做決定。我感到焦慮，甚至想要不負責任地像是在GPS上設定好目的地，任性地讓它帶我自動導航。可是，人生哪有GPS？

後來我又回到尚皮耶先生那個讓人安定而不需要擔心迷路的普羅旺斯廚房，就著清晨陽光灑下來的餐桌，喝著熱咖啡，繼續吃著他溫柔的炒雞蛋捲。「怎麼樣？有迷路嗎？」他一手撥動著鍋鏟，悠悠地問。「有耶！」我心虛地說。他大笑了一下，「迷路在我們這裡是常有的事，但還是挺值得的，對吧？」我想起後來坐在亞維儂古城頂看著護城河穿過千年的古橋，那種神聖靜謐的感動，是的，非常值得。

如果為了恐懼而不上路，我是否會錯過路上更美好的風景，錯過生命中更美好的事，也錯過那些該要相逢的人，以及好多有趣的故事？每當我為了前方未知的道路感到不安而躊躇不前時，每當我又要一個人上路時，我會想起亞維儂錯綜複雜的那段路，以及尚皮耶先生的諄諄教誨，對自己說：「把妳的屁股給我放到駕駛座上，把油箱加滿，穩妥地握著方向盤，優雅地給我一路開下去！」

RECIPE

法式炒雞蛋

其實我也不知道為什麼它叫做「法式」，可能是因為我在普羅旺斯的農舍裡吃到了我畢生吃過最好吃的煎雞蛋，而日後自己在家重做的時候，都會想起那時的法式心情。安靜的廚房裡，徐徐打開火，在鍋中加入了奶油，不慌不忙地放入了甚至沒有打散的蛋，一手拿著鍋鏟溫柔的撥弄著蛋，尚皮耶先生一邊和我聊著他經營民宿的種種生活。普羅旺斯的陽光照著，他一邊慢慢地說著，一邊滑著鍋中的蛋，慢慢凝固，最後變成鬆軟的炒雞蛋，放在溫熱的可頌麵包旁，同時遞給我一杯熱咖啡。我們繼續聊著天，時間變得很慢，我心中也默默歡喜地偷學了一道有法式心情的炒雞蛋。

這才驚覺，完美鬆軟的炒雞蛋不是用「炒」的，而是像和好朋友輕鬆溫柔的緩慢對話般，慢慢地撥弄出來的。所以每天早上，雖然手忙腳亂，我仍會留給自己三分鐘的時間，慢慢用小火，準備一把小平鏟，將蛋打碎後，蛋液裡加入少許的牛奶，將蛋液倒入鍋中，開小火。約三秒後，拿小鏟從鍋邊向中心撥，這時可以傾斜鍋子，讓沒有熟的蛋液往兩旁流動，再用小鏟慢慢撥，重覆進行個三、四次，鬆軟的蛋漸漸成型。熄火，用鍋內的餘溫加熱蛋。用三分鐘的時間以一盤雞蛋換取一個早晨的普羅旺斯安靜，我覺得挺划算的。

第三章

現在我只想吃
一碗牛肉麵

帥氣的中年史帝馮先生一站在我面前，我就知道自己怎樣都很難拒絕他。這個說著濃厚法式英語的民宿男主人，正英挺地站在我的餐桌旁，驕傲地向我宣布今天唯一（並保證我一定會喜歡）的主廚套餐。

「今天我們的前菜是採用本地食材特製的&^%$@。」（非常性感的法語，反正我聽不懂。）

「嗯……那是什麼？」

「喔！英文就是『脆烤奶酪』。」

「噢，聽起來不錯……」我完全口是心非而禮貌性的回答。

「當然，Madam，我們還有令人期待的主菜，今天是&^%$@配上*&^%@。」（還是非常性感的法語，一樣聽不懂。）「英文來說就是香煎扇貝佐米飯，是米飯喲！」

從這位法國紳士略帶興奮卻又矜持著風度的口吻中，我可以聽得出來，在法國南部這麼鄉下的地方，為住客獻上一道有著異國風情的米飯，可能是當地十分洋氣的作法。（可是史帝馮先生，您看不出來我是吃米飯長大的東方人嗎？）

我覺得自己是個頗能打破習慣、擁抱新事物的人，在旅行中絕對避免吃中國菜，讓自己能嚐試不同地方口味的菜色，也是我以為的原則。然而現在，我又發現太高估了自己，大錯特錯。

在南法一個人旅行的第八天，我一路從亞維儂移動到傳說中的紅土小城魯西永，下榻小民宿附設的家庭餐廳裡。民宿主人是一對五十多歲的夫妻，有著絕佳的品味。古老傳統的法式鄉村房舍內，進門的小客廳裡擺著一個僅能容下三到四人坐的小沙發，圍在由石頭砌成的小火爐旁，溫暖舒適地讓人立刻想要蓋上毯子，窩在沙發前倒杯紅酒讀上一本書。客廳旁有個小小的圖書室，收藏這個家族的歷代藏書，窗邊放著一盤下到一半的西洋棋。我坐在它小巧又精緻的餐廳裡，幸福感油然而生。在以石頭堆砌的酒窖旁，還散發出溫暖的燭光和隱約流瀉的法國爵士樂。

每個細節都十分完美。桌邊客人輕聲的細語，愉快的渡假心情，上等的葡萄酒，溫暖的光線，輕柔的音樂……除了食物。

對！除了食物以外！

雖然我自認為身為美食愛好者，但是出國時，我最討厭的就是上網找各種美食攻略，或在二個月前開始訂位並花五個小時排米其林餐廳這種事。常常有朋友請我推薦某個城市的餐廳指南，我總是花了很久的時間卻實在想不起來自己在該地究竟吃了什麼。大多時候，我會信步走到街邊任何一家看來很在地的餐館去吃飯，看看黑板上寫著什麼，或和當地人打探那些只有他們才知道的平日飯館。

既然旅行是人生的一場冒險，我的胃也必須跟著我，走遍世界各地一起經歷這場冒險。不過殘忍的事情是，當年紀已經步入了中年；胃和膝關節和腰椎盤一樣，任你的心想走多遠，他們卻固執地把你拉回來。你愈不想承認年紀這件事，他們卻更想在關鍵的時刻告訴你，嘿別鬧了！胃散吃了沒？

所以就像現在，在旅行的第八天，我的人到了這個令人感到浪漫地快要飛上天的小鎮，同時我的胃在經歷了好幾天乳酪起司和奶油的反覆洗禮，正用它全身的力氣不爭氣地向我抗議。所以當帥氣的史帝馮先生在向我介紹他家族自豪的普羅旺斯菜餚時，我根本沒在聽。如果這時有任何人在我面前以高價兜售一瓶老乾媽辣醬拌麵，我肯定會義無反顧不計一切地得到它。或是一碗熱騰騰的皮蛋瘦肉粥也可以，啊！來一杯熱豆漿和淋上醬油膏的蛋餅吧！如果是一碗大骨熬上的米粉湯配上油豆腐，我肯定會邊吃邊流下感激的眼淚。

這才明白，人的胃，是絕對不會背叛你的出生地和年齡。儘管我們嘴上說要去冒險，然而真正要打破那舒適了一輩子的習慣，簡直是難上加難。

史帝馮先生沒多久就用翩翩的風度，不急不徐的走步，帶來那道非常性感的&^%$@（脆烤奶酪）。一整塊奶酪在酥脆的麵皮下裹著又熱又軟的布列起司，一口咬下去，酥脆卻又略帶焦味的外皮配上烤得暖哄哄、熱綿綿的奶酪，差點燙口。再吃口沙拉，將蘋果削成薄片佐上淋了橄欖油的菠菜，二者的組合在口中有一種非常矛盾卻又和諧的對比，絕對是一道有著南法風情的頂級家庭料理。我吃下第一口，真的十分美味，可是然後呢……沒用的我，在半空中舉著叉子，我感覺自己乳醣不耐的胃正翻騰著，正在向我發射警訊，掙扎地不知道能不能再把它們送進我的口中。

唉！我才明白原來我的東方胃雖然拿了護照、辦了簽證、坐了飛機，越過大西洋到了法國，喝著香檳、葡萄酒，大啖著生蠔，它畢竟還是個徹頭徹尾的亞洲姑娘。奶油和起司這樣濃郁黏稠的雙重奏，連吃七天我也是徹底崩潰，跪著投降。

我哀怨的看著盤中還剩下三分之二的那道＊&^%@（請試著用法文唸），四周的顧客都是又驚又喜、一副深怕下次再也吃不到似的，一口口珍惜品味著。坐在餐桌前，我感到前所未有的孤獨。我真希望此刻出現一個亞洲人，拍拍肩對我點點頭說：「沒關係！我懂！走，一起去吃碗拉麵吧！」

當然，現場沒有這樣的狀況。我盯著舉在半空中的叉子，和史帝馮先生殷殷期盼的眼神在空中有了交會。為了不失禮，只好面帶微笑而心中流淚地吃完它。

此刻的我真的好想衝進他們的廚房，為自己煮上一碗牛肉麵！

「啊！這就是所謂 Comfort food 的意思吧！」

我想起小時候放學回家，如果媽媽來不及做飯，全家人會去巷口的餃子館，點一盤高麗菜豬肉水餃配上酸辣湯。這時爸爸會再點一碗牛肉麵，濃厚的湯頭必須再加上些辣口的酸菜，才算是對了味的全套組合。上大學的時期，全台開始流行牛肉麵大賽；永康街牛肉麵和金華街牛肉麵在爭奪「台灣第一牛肉麵」的稱號，吵得面紅耳赤，而我卻獨獨偏好青田街靜謐巷子裡的廖家牛肉麵，常常和爸爸排隊一小時，只為等待那碗清爽不膩卻極富層次口感的清燉牛肉麵。開始上班時，在信義區，每每加班到晚上十一點多，還能去營業到凌晨三點的林東芳牛肉麵。一碗清燉半筋半肉麵配上一碟花干，幾個好友談談工作的壓力和苦悶，彼此揶揄互相打氣，吸一口湯汁，吃了麵，暖了胃，讓麵的蒸汽給上一點安慰，明天再繼續拼命。

這就是所謂 Comfort food 吧。

給人慰藉的食物。有著美好回憶的食物，和喜歡的人，喜歡的味道，喜歡的記憶，一起滿足地吃下肚。可能是那味道帶進了記憶，也可能是那記憶美好了味道，那些媽媽的拿手菜，小時候被禁止吃的零食，和男友分手那天燉的湯，某個冬夜縮在街頭和好友邊搓著手邊吃著的羊肉爐火鍋……它們都是永遠待在我心底，讓我心暖的食物。對我來說，它比米其林三星大餐更好吃。它雖然是一種慣性，卻是在我們心中牢牢地把自己定格在某些情感、某種回憶的，讓人溫暖又安心的慣性。

這也是為什麼我相信每個陌生的城市裡的每個人，都有屬於他們自己的Comfort food。在不知名的小鎮裡的不起眼的巷子中，拉開門和老闆打聲招呼，上菜時還得叨叨絮絮聽著關於這道菜的故事。吃一口，和臨桌的人交換會心一笑的眼神，交換著旅遊的資訊和沿途的祕密。雖然亞洲胃的我到了歐洲全然無法將起司奶酪視為我的Comfort food，但誰又知道？也許再多過幾年，我和這些食物累積了更多的故事和更多的情感，它也可能在某個冬夜，在世界上一個無名的角落，成為溫暖著我當下那段冒險回憶的Comfort food呢？

當史帝馮先生又自豪地端上甜點時，我已經無語了（反正又是一堆奶色而濃稠的東西），但他對我面帶微笑的完美演出表現，相當滿意。我一如其他旅客優雅地吃完這餐，用餐布擦擦嘴角，起身向主人道謝，然後立刻奔向房間，如獲至寶地打開張國周胃散，淚流滿面地彷彿得到上帝賜的救命解藥般，吞下它。當然，接下來我在法國的好幾天還是沒有如願吃到台灣牛肉麵（怎麼可能會有！），我的亞洲小胃仍舊和各種奶酪、奶油燉菜、鵝肝醬奮鬥著。我不斷地提醒自己，入境隨俗！入境隨俗！卻每每在吃著奶油燉肉時，幻想著面前送上一碗酸菜牛肉麵。

但很奇怪的是，多年以後，每當我走在台北街頭，處處都能見到牛肉麵時，總是莫名懷念起那晚史帝馮先生為我準備的脆烤奶酪，以及那個有著溫暖小火爐的餐廳和酒窖。

RECIPE

台灣紅燒牛肉麵

牛肉麵的口味是非常個人的。每個人都有偏愛不同的味道，我喜歡經典的紅燒口味。上等牛腱以冰糖和八角、蔥、薑、蒜炒過，加入辣豆瓣醬悶炒，讓牛腱晶瑩剔透地在豆瓣醬中悶著，吸收了那層級豐富的辣味，也慢慢變得入口即化。最後整鍋倒入已熬好的牛骨高湯，再熬上兩個小時。就是這樣，沒有番茄、沒有蔬菜的其他口味，單單純純屬於牛肉和豆瓣醬的紅燒味，像個一本正經、科班出身的高材生，純正且絲毫不馬虎。最後起鍋，加上我喜愛的粗麵條、嗆人的蔥、蒜和辣椒。先喝一口湯，再吸一口麵，讓這樣香濃的熱蒸氣奢侈地撲在臉上。Comfort food，無誤。

第四章

她點了菸，世界因此靜止

法國女人教我的事

法國女人真的是世界上最神奇的生物。我常常坐在咖啡館，像個中情局派來研究敵人的祕探，盯著她們，就這樣坐一個下午，恨不得把她們的一舉一動刻進硬碟裡，再利用頂尖的生物科技，打入自己的DNA。

旅行中我常遇見各式各樣、各種年紀的法國女人。她們是足以威脅到周邊女人生存的外星生物，讓人又愛又恨，又驚又嘆。從此我立誓研究法國女人的一切，她們穿什麼，她們吃什麼，她們用什麼，她們叼菸的手勢，她們握酒杯的方式。知己知彼，百戰百勝，總覺得有一天我如果能說一口流利的法語，穿著所謂「不費力」（Effortlessly）的裝扮，我也能和法國女人一較高下。

然而我實在太天真了。那個下午，我拖著三十多公斤重的大行李箱匆忙笨拙地往前衝刺，腳下踩著被泥土髒透了的球鞋，髮絲因為跑得滿頭大汗

而凌亂地黏在臉上，一邊還拉著因為吃太多把下半身卡太緊而行動不便的牛仔褲。當時的我，就能感到身後整個月台眾多法國女人投射過來的眼光：「看！有一個外星生物正在我們的花園裡橫衝直撞！」我根本無法顧及形象，現在最大的目標，就是確保我和我那三十公斤重的行李箱，能順利趕上火車，前往巴黎的下個目的地。我像極了一個深怕搶不到特價品的失心瘋東方女，在撥開了一堆金髮高挑的法國女人時，胃裡還殘留著過多的可頌、起司和葡萄酒。我一路成功殺向了九號月台，喘著氣、流著汗站穩後，得意地、驕傲地彷彿覺得自己贏得了一場民族戰爭。

然而這時，她就這麼不急不徐地抬著頭、挺著胸，慢慢地，走過我面前。

黑色的短髮優雅整齊的貼在臉上，氣定神閒的步伐，彷彿就算遲到了，火車也會停下來等她。細白的手指不費力地拉著輕巧的行李箱。那個小小的行李箱裡，裝著她一生的美麗祕密。約莫四十多歲的年紀，仍有穠纖合度的身軀。優雅的針織衫底下藏不住她彈性光滑的肌膚；鉛筆裙下，是胖瘦得宜的小腿。而且，她還牽著一隻狗！是的，就算趕火車也能優雅地像在杜勒麗花園溜狗。而她的狗，和她一樣纖細！

她就這麼毫不費力的擊潰了我。

她優雅輕鬆的走著，腳步停在我身前。月台仍是一樣亂哄哄，火車還是飛快地停靠又啟動。她用手指輕巧帥氣地從包裡掏出一支菸，修得整齊的指甲，在灰色的月台上形成一抹漂亮的紅。她點燃那支細長的香菸，深吸一口氣，嘴角輕揚，看著遠方；那一刻，我感到世界因她而停止了。忙亂的火車月台，吵雜的報時廣播，來來往往的人們，都因她而靜止了。好像大家都說好了，停！再怎麼急，也要等她抽完菸再走。

我就這樣著迷地看著她。她的狗，抬頭看了我一眼。

法國女人就是這樣，不管身在何處、做什麼事、以什麼樣的打扮，總是輕鬆毫不費力。我對「不費力」的這種生活和時尚哲學充滿了好奇，究竟是什麼樣強大的內心以及自信，可以總是不在意她人眼光而任性妄為。在出門旅行時，法國女人不論走到哪裡都能用一只輕巧的小包 Travel light，一副「不管怎樣，這卡就是我了」的氣勢。我呢？走到哪裡老覺得自己會在某些時候因為沒有某樣東西而活不下去，總是大包小包的出門。當我汗流浹背地拉著二十公斤重的大行李箱走著，輪子卡在石板路上「卡卡卡」的聲音迴蕩在廣場中令人尷尬。而法國女人拖著輕巧的行李優雅地從我身邊穿過，「卡卡」的迴聲響起，是她的高跟鞋。當我坐在咖啡館裡，把頭埋進偌大的包裡，翻過口香糖、充電器、眼藥水、護手霜、面紙，最後終於找到了手機準備拍照，法國女人早就坐定位，從她的迷你包裡掏出了她僅有的香菸、口紅和一本書，坐在那裡優雅的讀著。

當我旅行時想把全身家當帶在身上，好讓自己能安然地不錯過一花一物的風景，法國女人走到哪裡，卻是讓自己成為那一道風景。太令人生氣了！

而且她們還很瘦。

「我從不節食，因為我不會胖！」在一個派對的晚上，有個法國女人對我這麼說，當場我嘴上微笑著卻很想立刻把盤子上香氣撲鼻的諾曼地蘋果派丟進垃圾桶裡。在法國旅行時，我常常不明白，這樣的食物究竟如何能養出這麼多美麗的女人。大量的起司、大量的甜食、高膽固醇的海鮮和各種醬汁燉煮的肉類，是每餐必備基本款，更不用說餐餐都必須搭配各種紅酒、白酒、粉紅葡萄酒。除此之外，法國晚餐近晚上九點才開始，一路吃到十一點。這樣吃，怎麼可能不成為有高血壓、痛風、高體脂肪的胖子呢！可是真的沒有。我身邊的法國人，尤其是法國女人，依然纖細優雅的大啖高脂肪、高熱量的各種食物，這件事真的太神奇了。

當我在算計著熱量不敢碰眼前的馬卡龍時，法國女人用著她纖細（並且塗著漂亮指甲油）的手指拿著那個該死的粉紅色小圓餅，張大眼睛問我：「你怎麼可能不吃這可愛的小東西？」當我在家辦趴，做上十道菜，像個黃臉婆在廚房流著汗廝殺奮戰時，法國女人在家裡辦的趴，是穿著洋裝和蹬著高跟鞋、展露著迷人微笑問：「親愛的，你今晚開心嗎？」當我克制自己第四杯紅酒快要醉倒在廁所嘔吐時，法國女人拿著她的第七杯紅酒開懷的噗哧一笑倒在男人的懷裡。太可惡了，那些美麗性感、不會發胖又喝不醉的法國女人！

後來我才明白，法國女人能這麼恣意妄為，是因為她們沒有「罪惡感」。她們甚至不知道什麼叫「罪惡感」。而我們？我們常因為各種事感到罪惡。因為太早下班感到罪惡，因為沒時間陪家人感到罪惡，因為沒存錢感到罪惡，因為白天多吃了一盤炸雞而感到罪惡。我們克制自己的慾望，抨擊自己的放縱；而在當慾望的壓力鍋決堤時，我們用大吃大喝來發洩自己。然後壓力和走形的身材又讓我們鄙視自己，罪惡感接著降臨，我們又開始節食。法國女人卻不同，她們對自己沒有抨擊，不需要對誰說抱歉。她們不需要因為沒有做到別人心中的理想樣貌而努力克制自己的慾望，也沒有因為慾望潰堤而失控發洩。她們時時刻刻都在享受食物，她們時時刻刻都在愛自己的身體，她們活得坦然，不需要為誰負責任。

沒有罪惡感的活著，為法國女人的美麗贏得了勝利。

而我認為這場戰爭的決勝關鍵，不是在年輕時，卻是在老年。在年輕時維持貌美和姣好的身材，感覺是理所當然；然而當歲月無情的來臨，當皮膚不再充滿光澤，當看盡了人生百態以及嚐遍了各種滋味，如何能繼續優雅美麗地變老？如何能抬頭挺胸堅信自己依然很美？才是至勝關鍵的贏家。

那天下午，坐在窗邊一位七十多歲的法國銀髮美女，她的樣貌至今仍強烈地刻在我的記憶裡。「啊！我也要那樣變老！」一頭短髮隨意又好看的散在前額，剪裁得宜的寶藍色洋裝在身上完美的貼合，臉上沒有整型拉皮的痕跡，卻有著恰到好處的皺紋。她獨自一人優雅地坐在窗邊，像是一幅畫。她就是那樣坐著，一個人，沒有看書，沒有滑手機。包包整齊的放在地上，愉快輕鬆的，坐著。我不知道上次能自己一人在餐館輕鬆愉快的坐著而不是用猛滑手機或看書來化解一人用餐的尷尬感是什麼時候了；而她就這麼獨自一人享受自己地坐著。許久之後，她轉頭向一位年輕美麗的服務生微笑地說了些話，點了些什麼。沒多久，服務生為她送來了一份冰淇淋！

哇噢！她為自己點了一份冰淇淋！

我想了一下身邊像我媽媽一樣年紀的女人，吃東西總是顧慮太多，年輕時怕胖，中年時怕血脂肪，老年時又怕消化不良，擔心身材、擔心健康、擔心太貴、擔心太便宜。我們這些女人們，上一次為自己在餐廳好好地點一份冰淇淋，獨自一人愉快而沒有罪惡感地享受，究竟是什麼時候？

她大概意識到了我正在看著她，對著我眨了個眼，做了個鬼臉，好像淘氣地跟我說：「嘿！不管遇到什麼事，都要享受冰淇淋喔！」我們相視而笑。我清楚記得她臉上的笑，不是一個老奶奶對年輕女人滿懷慈愛的笑，而是一種女人對女人，心有靈犀、狡猾調皮的笑。我瞬間明白了。身為一個女人，不管人生每分鐘、每日、每年經歷過多少傷心、快樂、挫敗的事，即使活到了七十歲，都該相信自己值得為自己點份冰淇淋，然後毫無罪惡感地大口吃掉。女人的身體，卻仍有女孩的心。她是世界宇宙的中心，對任何事都能重重提起，輕輕放下，如此毫不費力卻又忠於自己的活著。

這些都是法國女人教我的。

離開法國時，我在心中的硬碟刻下這些印象，告訴自己必須牢牢記住，接下來的人生旅程，我也要毫不費力的輕裝上陣，毫不費力的轉身，然後優雅的變老。

RECIPE

諾曼地蘋果派

當我問起從法國藍帶甜點學院畢業的好友朵拉，有沒有好的蘋果派食譜，她教了我一道諾曼地蘋果派。朵拉以有點驕傲的口吻告訴我，這和美國老奶奶鄉村式蘋果派用大量的肉桂和粗糙的麵團的蘋果派不同喔，這是「法國人」的蘋果派！噢！當然！當我看著那個以焦糖和白蘭地一起熬煮的蘋果，像朵玫瑰花般地盛開在酥脆的塔皮上，最後再填入混和了鮮奶油、雞蛋、奶油和白蘭地的內餡，成熟又優雅，完全不甜膩。這道諾曼地蘋果派在我的女性好友生日時，裝入了盒子、打上了絲帶，成為我親手製的生日禮物。好像送上了這個美麗又味道甚好的諾曼地蘋果派，也送上了法國女人教我們的，那種毫無罪惡感就要大口吃下蘋果派的女人心。

圖片出處／沈朵拉

第五章

里斯本夜車

曾經我問過一個朋友，去過全世界那麼多地方，最喜歡哪個城市？她毫不猶豫的回答：「里斯本。」里斯本？不是浪漫的巴黎？神祕的佛羅倫斯或充滿探險的紐約？竟是里斯本？「里斯本有一種頹敗感，太適合妳了。」我有點無語。不知道為什麼朋友會認為一個有著哀傷歷史的頹敗感城市適合我。

所以有一天我買了張機票，前往里斯本。上飛機前朋友塞了本書給我，書名是「里斯本夜車」。

來到里斯本近兩週，我確實為這個古老、美麗又衰敗的城市深深感到著迷。原來頹敗感真的很適合我。踩在百年歷史的石板路，感覺自己正在參與她宏偉卻悲傷的歷史；每走一步，我又擔心自己找不到合適的詞彙道出它複雜而心碎的美麗。我專心體驗記住這城市的每一個細節，深怕有一天，她會漸漸消失在我腦海中，就如同她此刻正慢慢的被世界遺忘般。石板路上的熱氣，從太迦河吹來的風，伴隨著炙熱的里斯本烈日，在六月的夏天，緩慢的像部無聲的電影。

「里斯本二十八號電車，從一九三〇年代起就開始營運，是里斯本市民的日常交通工具之一。從 Martim Moniz 開始，二十八號電車穿越古老的阿爾法瑪區，行經羅希奧，拜薩等里斯本重要區域，是觀光客不可錯過的體驗。」里斯本旅遊指南上這麼寫著。我繼續往下讀。「二十八號電車相當熱門，遊客們一定要提早到場排隊，平均排隊兩小時。」

而這個旅遊指南上熱門的二十八號列車，常常就這麼突然在我身邊幾呎外的距離呼嘯地擦身而過，嚇得我得立刻側身閃躲。車上觀光客歡樂的叫囂讓我惱怒，我望著列車上的他們，生氣地覺得他們不該闖入我的里斯本，我不想與任何觀光客分享里斯本，更不想參與那樣俗氣的里斯本。我任性地在心中默默下了決定，二十八號列車，我們就這樣繼續保持距離吧！

然而生活好像就是這樣，當你愈不想參與什麼故事時，故事的本身就會自動找上你。

那天，是里斯本攝氏四十度高溫的夏天，暑氣漸消的夜晚，天色已暗，街邊古老的路燈已漸點亮。我站在公寓的陽台上望著這些日子以來我熟悉的日常景象。阿爾法瑪區是里斯本的舊城區，錯綜複雜又高低起伏的坡路兩旁，是尋常人家的住宅。吊曬的衣服在天空上飄著，女人們隔著狹窄的陽台說長道短，男人們坐在階梯上喝著啤酒、懶散地吸著菸，孩子們成群在街上踢著球。此起彼落的葡萄牙語在天上飛著，美妙地聽起來倒像是在空氣中傳頌的歌。

這像是個該出去散步的夜晚。我隨性地套上了球鞋，走下那座每天都要走上好幾遍，黑暗又窄小到隨時都可能會跌倒的樓梯，摸著黑打開了鐵門，與街邊雜貨店的老闆撞個正著。他吸著菸，煙霧繚繞在這個黝黑的葡萄牙男人旁，望著我，似笑非笑地點點頭。

我漫無目的向前走著。就在那時，不經意地撇見了前方空無一人的電車站。月亮高掛在黑夜裡，車軌上，安靜地停了一台老舊的黃色電車，而車牌上，寫著「二十八」。

「不會吧？」過去這些日子來，我從來沒注意到二十八號列車站就在我身邊。我甚至懷疑它可能是在維修中而停駛。就在這時，電車上突然「噹噹」地響了兩聲車鈴，表示它即將發車。我感覺自己插在口袋的雙手，緊張了起來，雙腳不自覺地向它快步地走過去。我站在電車門前，驚訝地發現車上空無一人，也沒人排隊。「你上車嗎？快點吧！」胖胖的電車司機坐在駕駛座上，不耐煩地催促著我。下一秒回過神來時，我發現自己已經坐在二十八號電車上，而它正滑行在軌道上，奔向里斯本的夜晚。「唉？我怎麼會上了電車？這車要帶我去哪裡？」我對自己莫名的衝動行為感到焦慮和恐懼，看了看手錶，晚上九點。

電車在街上奔馳著，木頭窗櫺外是里斯本夏夜的晚風。列車在安靜的街道上噹噹地滑行著，風吹在我臉上，我突然間意識到：「唉？此刻我正坐在二十八號電車上耶！車上只有我一名乘客，這是我專屬的VIP二十八號電車，它正帶著我去探索我不知道的里斯本！」我想起了小時候看宮崎駿的電影「龍貓」時，好想好想要擁有那台深夜中突然出現的龍貓巴士，只為我存在的龍貓巴士；坐在軟軟的椅墊上，飛向尋常人見不到的神祕國度。想

M. MONIZ
28
575
NOVA IMAGEM
A MESMA
SENSAÇÃO
Coca-Cola

到這點，坐在電車上的我，我不禁一個人咯咯地傻笑得意了起來，好吧，二十八號列車，今晚隨便你帶我去哪裡！

車子像魔幻般穿梭在夜晚的里斯本，在古老錯綜複雜、上下起伏的蜿蜒小徑呼嘯而過；一路經過許多只容下一台車的狹窄街道，差一點，我就能伸手碰觸到在夜晚依然五彩斑斕的彩色磚牆。車子在夜空中噹噹噹的響，我們經過了白色高聳的聖喬治教堂，啊！原來矗立在山岩邊遙望著太迦河的教堂，夜晚沒了觀光客的注目，依然堅強的守護著這個城市。二十八號電車短暫停靠，上來了幾名乘客，一個看起來是剛下班要回家的葡萄牙媽媽，一對可能和我一樣誤闖里斯本夜車的情侶觀光客；車身開始吵雜。我們又經過了拜薩區，在一片充滿酒吧的區域，我似乎聽見葡萄牙的 Fado 歌曲隱約從門縫中流瀉出來。列車接著駛入了巴倫阿圖區，我隔著窗像是看電影一樣，對面窗裡上演的是里斯本的不同家庭的夜晚故事，故事裡的小男孩，坐在餐桌上，抬頭看了眼在電車上的我。

那本「里斯本夜車」的小說還放在我的包裡。一個終其一生只專注在文學上而生活一成不變的教授，因為一個偶然的機緣在夜晚搭上了從日內瓦開往里斯本的列車，開始一連串探究葡萄牙革命歷史的過程，最後改變了自己的人生。當然，里斯本二十八號電車並沒有改變我的人生，可的確在這個夜晚，我感覺自己的人生竟然充滿了這種可以隨時隨地說走就走的可能性。光是意識到這點，就令人感到興奮。

二十八號電車最後來到了一個我不知道的地區，短暫的停靠。我看見了街邊一家可愛小巧的餐廳亮著溫暖的燈。啊！看起來像是家日本小餐館。突然間我感到一陣飢餓，等我回神過來，我已經下了車，站在餐廳門口了。我回過頭看著我的二十八號列車，它卻已然消失在黑暗裡。

事後回想起來，實在也不明白自己為什麼會在里斯本的夜晚，衝動地想吃日本料理。

小巧精緻的餐廳，輕輕的爵士樂，柔和的燈光，日本師傅站在吧台切著生魚片，卻有一種特殊的葡萄牙風味。一個人旅行時，吧台的座位是你最好的朋友，坐在那裡，總是讓人覺得安心。吧台上只有我一人，面對著一整排的日本清酒和威士忌，日本師傅用日文禮貌地送上熱茶，接著回到自己的工作台，低頭一刀一刀地切著生魚片捏著握壽司；這樣的一個奇幻的冒險夜晚，被二十八號電車一路帶來這裡，我需要一些恰到好處的溫暖。

葡萄牙曾經一度是海上霸權帝國，它的海鮮自是新鮮的沒話說。我點了鯖魚生魚片和一盤握壽司，切成透明薄片的新鮮鯖魚灑上彎豆苗和芝麻油，配上一口握壽司，太久沒有嚐到米飯的滋味，我幸福地快要哭出來。我端起酒杯，喝了一大口冰涼的葡萄酒，為以這一餐結束我今晚的里斯本冒險，感到無比暢快。

我面對著吧台一飲而盡，心滿意足地放下了空酒杯，感覺自己像是經歷了一連串冒險的海盜回到了岸邊，值得給自己好好連開三天派對的心情。我向日本師傅示意再要一杯酒，伸手再度拿起酒杯時，突然身邊出現了一隻手，將我的酒杯移出了我的視線。我驚訝地轉過頭，才發覺方才在我滿心得意、大快朵頤的同時，身邊的空位已坐上了另一個男人。中年，乾淨整潔的藍色襯衫，留著非常短的金色頭髮，一看就不是葡萄牙本地人，而此刻這男人正低著頭十分專心的研究著菜單；淺藍色的襯衫捲起至手肘，左手腕上的手錶顯示著晚上九點五十分，而手掌上牢牢地握著我的空酒杯。

「不好意思，這應該是我的酒沵喔！」我伸出手，禮貌卻堅定地奪回自己的酒杯。不行！這一刻是屬於我的慶祝夜晚，任誰，都不許搶走我的酒杯！男人驚訝地從菜單上抬起頭轉過來看著我。「喔！老天爺，我實在是太抱歉了！」他一臉不好意思卻忍不住哈哈大笑。「我沒注意到那是你的酒杯，都怪它，這菜單實在太令人困惑了，不是嗎？」正能量從這開懷的男人中散發出來。我從他手上接過菜單；一個東方人在里斯本深夜十點，在一個不知名的地區的一家日本料理為一個歐洲人講解日本菜單，這一晚，還能再奇特一些。

當時我仍不知道接下來的兩個小時，可能是我人生中最難忘的夜晚。兩個來自不同國家陌生的旅人，在同一時間來到另一個國家並在同樣的時間選擇了同樣的餐廳並且比肩而坐，這樣的機率究竟有多少？

於是一個來自比利時的地產經理人，和一個來自台灣的職場逃兵，短暫的相遇並分享一個奇特的夜晚。一個因公出差，一個尋找自我，我們面對著整排的日本清酒和好幾杯日本威士忌，從里斯本房地產到世界經濟、到足球、到電影、到塗鴨藝術，像是跑馬拉松般，一前一後互相追趕著，辯論著，同意著，不同意著，嚴肅著，又揶揄著。他被我說的話逗著哈哈大笑，而他說的話讓我陷入許多思考。我們甚至一路聊到餐廳打烊，他幫我把威士忌的酒錢給了。

「嘿！我有一個里斯本私藏景點，我帶你去。」於是我們又在半夜十一點徒步走過了整個拜薩區，一路走向了某棟古老大樓的頂樓，小巧的酒吧卻把太迦河上遠處亮著燈的大耶穌像，以及四月二十五日大橋上的里斯本夜景盡收眼底。他談起了歐洲面臨的經濟和種族問題，政治和宗教和難民議題充斥著，我望著太迦河，才赫然理解，對於我深愛的里斯本而言，我終究是一名觀光客，我在自私的把美麗的石板路、多彩的磁磚和浪漫的法朵音樂帶走後，當地的居民或整個歐洲，面對的仍是嚴重的經濟問題和難民議題。

夜晚近半夜一點的里斯本，這一天該結束了。太迦河上的耶穌像依然在遠處發著光，守候著這座古老的城市。我們在黑暗的里斯本街頭，彼此道別。他問我：「咦！你怎麼來的？」我苦笑著說：「我坐二十八號電車來的。」這個男人在街頭仰天大笑。「我必須說，你是個非常盡責的觀光客！」我看著他笑著。也許，終究在這個城市，我們都是過客。明天起，他將飛往盧森堡，我將飛往羅馬，我們將帶著各自的里斯本，前進各自的人生。

我仍然踏在里斯本的石板路上，夜晚的里斯本，只剩下星空，還有剛才那位陌生旅人殘留在空氣中的氣味。

我走著，才赫然想起，我們並沒有留下對方任何的聯繫方式。

我回頭，男人已經消失在黑夜裡。我彷彿聽到遠處的二十八號電車，還在噹噹噹的在遠遠的地方奔馳著。

RECIPE

里斯本的海鮮與日本料理

後來我非常驚訝的發現里斯本有非常多品質還不錯的日本料理店。也許因為一度為海上霸權帝國的葡萄牙本來就以豐富的海鮮漁獲等聞名，造就了里斯本在海鮮料理上的發揮，也理所當然地成為許多日本料理師傅的食材天堂。

如果說西班牙巴賽隆納像個熱情又奔放的少女，她用Tapas和海鮮飯濃烈的番紅花香氣讓你一口吃盡青春又奔放的加泰隆尼亞陽光；里斯本更像是個歷盡風霜洗盡鉛華的女人，吃得到歲月和百感交集的質樸味道，簡單卻有深厚的內涵。以海鮮為主的日常飲食——炭烤沙丁魚、烤章魚、鹽漬烤鱈魚，配以馬鈴薯和沙拉，就是一餐。沒有過多繁複的烹調，不講究做作的擺盤。而在日本料理店吃到的鯖魚Cappacio（以新鮮生魚片切成晶瑩剔透的薄片，覆上新鮮芝麻葉淋上些許的油）更是簡單卻又富有層次。

第六章

她的花樣年華

她一頭剪得超短的紅髮，左手率性叨著菸，右手握著方向盤，駕著這台破舊的小車。我在四十度又沒有冷氣的車內，汗一滴滴的流著。她用葡萄牙式的開車法（意思就是瘋狂、毫無章法），帥氣地在里斯本的貝倫區奔馳著。如果這世上有另一個女人開車比我更隨性，肯定就是她。我默默地用左手抓緊門把，雙腳用力抵著車底，臉上還是掛著東方式禮貌的標準微笑。其實，心底早就嚇出了一身汗。

今天早上她突然傳訊息給我：「嘿！要不要一起去吃飯？」當時我正坐在里斯本小公寓的陽台上，喝著冰涼的綠葡萄酒，看著對面樓裡穿著大花洋裝的胖媽正在大聲罵著小屁孩。（噢！為什麼葡萄牙語連罵人都這麼好聽？）里斯本的夏天，襯著滿街的古老花色磁磚下，悶熱又安靜得讓人感到幸福地昏昏欲睡。這時有位廚師說要開車載你出門大啖里斯本美食，有什麼比這個來得讓人難以抗拒？

「我們少了點音樂！」她篤定地說。我低頭看著車前的面板，空空如也，這哪裡有收音調頻機制？別說是CD了，連放卡匣的地方都沒有！她話一說完接著轉身挨向我，紅色的短髮在我鼻尖前掠過，熟練地把菸換到抓著方向盤的右手，左手伸向後座又忙了起來。我驚恐的腎上腺素又上升了好幾倍。唉，我是不是該提醒她眼睛還是得看著前方的路？她死命地拉出一條電線，隨著電線在後座被拉出來的還有壓扁的香菸盒、口紅、糖果紙；然後一台像是被卡車輾過應該立即送到垃圾回收場的舊式卡匣收音機，就這麼神奇的出現了。「哈！這就對啦！」她爽朗地大笑著，接著敲敲打打，終於把那台收音機弄出了聲音，美妙的葡萄牙歌曲從那台看似在享受生命最後歷程的收音機流瀉了出來。她終於能輕鬆下來，而我因為她的眼睛又回到了馬路上而感到天大的救贖。

她是派翠西亞，和我年紀相同，是里斯本小有名氣的主廚。見面的第一天她就告訴我：「嘿！我得了癌症。」

她是我在里斯本第一個認識的朋友。抵達里斯本的第四天，我在Air B&B的「當地體驗」課程裡，選到了派翠西亞的課。「派翠西亞是名餐廳主廚，在她家的花園裡，以及隨處可得的新鮮香草，你可以學習道地的葡萄牙式料理。」我毫不猶豫地按下按鈕，付了錢，預約了「派翠西亞和她的香草花園」。

相約集合的那個正午，我照著網站上的路線，頂著四十度的高陽，在里斯本阿爾法馬老城區上下起伏的山路，一路向上爬，一度走到我感到自己快要氣絕身亡。沒想到一路走到最後的終點，竟是一座小小的教堂。在聖母瑪利亞的雕像前，我心中默默地感謝了主——我並沒有脫水而死。抬頭望去，這竟是一個天然的觀景台，從這裡俯瞰里斯本最古老的區域，有著令人屏住呼吸的美。我倚著這小巧玲瓏的教堂，坐在觀景台前的石椅上，看著眼前的景色，久久無法自拔。我不禁幻想著能生在這座美麗卻又哀愁的城市，究竟是什麼感覺？而又是什麼樣的原因，讓人捨得離開她？

突然間，有人在背上拍了我一下。「嘿！我是派翠西亞！」我轉過頭，紅色的短髮、分明的五官、纖細的身材、明亮的藍色眼睛，派翠西亞對我露出善意又天真的微笑。我們一起走過阿爾法馬區高低起伏的小路，她帶著我去雜貨店購買食材。有點害羞的她，隨著我們之間的對話漸漸熟稔，天生藏不住的葡萄牙式樂觀又隨性的性格，也漸漸顯露。

派翠西亞的家，是個小巧玲瓏又有格調的公寓。開放式的廚房直接對著花園。花園外是一棵棵的果樹，花園內種著許多新鮮香料，迷迭香、薄荷、羅勒。怎麼長在里斯本的它們能生得如此奔放？而我上海家中可憐的那些香料們，倒是像被迫害的囚犯們，每天一點一滴地向著陽光努力求生。就在我對著她的香草花園感到驚喜時，她已在陽光下的花園裡擺上一張可愛的餐桌，那是我們今天的餐桌。

她在廚房張羅著。一邊拿出採買好的食物，一邊討論著今天的菜色。我問她，什麼念頭讓她開始想讓觀光客在家中進行烹飪課？她淡淡的說：「噢！沒什麼！以前在餐廳當主廚，壓力實在太大了，後來我得了癌症，不想再過那樣的生活了。」她淡淡地笑著說著，手上還拿著一顆洋蔥熟稔地剝著。我拿起另一顆洋蔥，抓起小刀，隨著她也開始剝著，而心中卻被她方才說的話感到重重一擊。我眼前這位新交的朋友，有著高超的廚藝，開朗的笑容，讓人幸福的香草花園，和絕佳的生活品味。然而和這些美麗的事物一同在她生命中相處的，還有癌症。我不知道那是一種什麼感覺，如果每天醒來時，都知道自己有顆不定時炸彈在前方，死亡可能會隨時找上來，該用什麼樣的心情決定今天吃什麼？該用什麼樣的心情決定今天做什麼飯？又該用什麼樣的心情品嚐每一口食物？

那天的教學菜色是里斯本的家常料理：醃漬橄欖、彩椒燉魚、火烤里斯本香腸，每一種都是我喜歡的。派脆西亞大廚的廚房，是平凡再平凡不過的廚房，唯一的差別是整齊擺設的刀具、鍋具，和一應俱全的各色香料。一切充滿著恬淡。洋蔥和大蒜放在它們該出現的地方，冰箱裡放著新鮮的果汁，鍋上燒著開水。我喜歡這樣的家常。沒有花俏的分子料理機，沒有昂貴的食材和上萬元進口的鍋具。有的只是安靜的日常，以及對食物本身的尊敬。

派翠西亞向我示範了醃橄欖。用新鮮的迷迭香和橙皮放在橄欖上，加上橄欖油靜置一小時。我第一次吃到橙皮和橄欖這樣的搭配；相較於一般用鯷魚醃的鹹橄欖，她的作法反而有一股清新的味道。

接著她用蝦、魚骨、番茄和大蔥熬製魚高湯。她問我喜不喜歡薄荷，當然！有誰不愛薄荷的味道。於是她走進花園，為我採了一把新鮮的薄荷放入鍋中一起熬煮。將彩椒置於烤盤上直接燒烤，不加任何的調料；她告訴我這樣能讓彩椒烤出帶有焦味的皮，和馬鈴薯以及海鱸魚一起放入燉湯裡更讓這道菜增加一些粗曠的味道。粗曠而溫柔，我十分喜歡這樣的感覺。起鍋前，她知道我特愛薄荷，又特別加了一把，並灑了些許在盤中。這道葡萄牙燉魚，就像派翠西亞一樣，誠實卻不華麗，奔放又溫柔。

她把我們一起做好的食物拿到花園中，拉了兩把椅子，從冰箱上拿了一瓶冰得沁涼的綠葡萄酒。剛煮好的彩椒燉魚香氣撲鼻，有海的香味，有烤焦的蔬菜香，還有薄荷的味道。咬一口沾了燉汁的麵包，配著冰涼的綠葡萄酒後，整個人攤坐在陽光下的花園裡，派翠西亞不禁閉起眼滿足地讚嘆了起來。紅色的短髮在太陽下發光，爽朗笑聲搭配著里斯本夏天的風，再合適也不過；我看著她，儘量讓自己不要把死亡和這畫面連結在一起。

「嘿！你對里斯本的印象是什麼？」她又灌了一大口葡萄酒，這時我已經十分確定我和她能成為非常難得談得來的朋友。我想起了里斯本五彩斑斕的阿拉伯磁磚、藍色的大海、橘紅色的屋頂，以及唱著悲傷的命運之歌法朵的歌手臉上的腮紅。「里斯本是一個顏色非常特別的城市。」我說。她張大明亮的雙眼彷彿遇到了至親，「哇嗚！你也這麼覺得。是不是很像王家衛的電影！」她興奮地說。我大笑了，差點被嘴巴裡冰涼的綠葡萄酒嗆到。在這樣的一個里斯本下午，一個葡萄牙女人突然向我提到了王家衛。我看著她，是啊！她活得的確像是王家衛的《花樣年華》。

事後回想起來，那天的里斯本和她，一直讓我想起電影《花樣年華》裡的蘇麗貞。她緩緩地向前走著，如此淡定，面無表情地走著。包裹著的緊身旗袍下已然藏不住她無法遮掩的美麗身體。腳上的高跟鞋踩上狹窄的樓梯，一步，又一步。塗著鮮紅指甲纖細的手扶著斑駁的牆，堅定地向上攀著。那牆，是鮮豔的紅，和飽和的藍，在昏暗的燈光下，照出盡是歲月的痕跡。男人下樓，她側身讓他而過，他們四目相交，她若有所思。他驚覺她的美，她卻仍面無表情。這世界彷彿和她毫不相干，她收著心，一步一步，朝向她注定的路，繼續美麗地走著。她是蘇麗貞，也是里斯本，更是派翠西亞。

這個十六世紀一步步探索世界的航海大國，殖民足跡從澳門、馬來西亞、巴西乃至非洲，從世界各地帶回來各種食物、音樂、語言和文化，融合別人，也融合成自己的文化。然而西元一七五五年突如其來一場人類史上破壞性最強大的地震，把里斯本這個城市全部摧毀，殖民帝國從此衰敗。即使再怎麼努力，總又不可抗拒上天的命定。死亡，我又想到了死亡。也許這就是為什麼，里斯本從那時刻開始，漸漸蕭條。里斯本因此人人唱著一種叫做Fado法朵的歌曲，意思為「命運」。我出生的那年，葡萄牙結束了薩拉查的獨裁統治，葡萄牙和里斯本開始走向新的時代。那一年，橫跨著太迦河的四月二十五號大橋因此建立。也就是說，新里斯本，和我擁有同樣的年紀，經歷同樣時間的成長歷練和改變。我望著和我同年紀的派翠西亞，想著和我同年紀的新里斯本。我不知道該為我們的花樣年華，做出什麼樣的註解。

「那個時代已經過去，屬於那個時代的一切，都不存在了。」

王家衛在《花樣年華》裡下了個註解。

派翠西亞帶我去的餐廳是一家日本料理（我真對葡萄牙人愛吃日本料理這件事感到十分驚奇）。可能對能和一個東方女子在家鄉一起鑑賞日本料理、一同喝清酒這件事，感到新鮮又興奮，她像個孩子般整晚上仰頭大笑不止。用餐結束之後她又開了車門，我心驚膽顫地又坐了進去。唉！酒駕這件事我想還是不要向她提了。

車子一路駛向了太迦河，四月二十五日大橋迎面而來。風吹在我臉上，我有一種衝動想要快點寫下這一切。我深怕有一天，這座代表新生的橋，和死亡纏鬥的派翠西亞以及此時此刻的我，這三個同樣年齡的我們，也會消失在別人的腦海裡，有一天漸漸被世界遺忘。

RECIPE

葡式燉海鮮

毫不做作的樸實海鮮料理，是標準的葡式風格，也是派翠西亞的風格。以大蔥、蝦殼和魚骨加入烤過的彩椒，加水，配上一把新鮮薄荷熬成高湯。接著以番茄、洋蔥炒熟後加入魚骨高湯，最後放入片好的新鮮青花魚（或任何魚類）和馬鈴薯一起燉煮。起鍋後再放一把新鮮的香料。吸飽了魚的鮮味和香料的湯汁，以麵包沾上，加上一口新鮮的魚。沒有什麼繁複的手法和花俏的調味，內斂又充滿深度。這就是我心中美麗又樸實的里斯本。

第七章

哈利波特的魔法

人生中第一次覺得，這世界上可能真的存在著魔法。

列車一路從里斯本駛向波爾圖（Porto），在山嶺間奔馳著，我感覺自己彷彿是哈利波特，懷著興奮又期待的心情，前往霍格華茲學院。這個距里斯本北方三小時車程的地方是葡萄牙的第二大城。如果說里斯本是充滿悲傷以及無法逆轉的命運之城，波爾圖恰好相反，她像個調皮的小女孩般，是個充滿魔幻的浪漫城市。我對波爾圖的第一印象來自宮崎駿《魔女宅急便》裡那個小魔女 Kiki 乘著掃帚在天空中翱翔俯瞰的河岸城市。據說它的場景原型，就來自波爾圖。

列車一到了波爾圖聖本篤火車站，我被車站裡藍色磁磚拼貼而成的美麗高牆震懾不已。這種葡萄牙磁磚源自阿拉伯，有個美麗的名字叫 Azulejo。啊！原來這就是波爾圖，我心目中的波爾圖！魔法般的波爾圖。

踏在這個被列為世界遺產的古城斑駁的石磚路上，覺得自己像是進入了一齣電影場景。神祕又美麗。我一路東張西望，被各種從沒見過的景色分心，甚至無法好好專心走路。一個又一個令人目眩神迷的藍色教堂，鴿子飛過的大鐘樓正緩慢地敲著鐘，如同過去好幾百年的每一天，忠實地為這個城市的人們報時。在波爾圖，連鐘聲都聽起來特別令人感到安心。向遠方的低處望去，就是波光粼粼的杜羅河（Douro），它灌溉著世界聞名的波特酒（Port）。而這城市，連空氣中都飄著葡萄酒的味道。

就當我還沉浸在這城市奢侈的浪漫裡，突然間，我的頭冷不防地被路人用玩具棒槌敲了一記！我嚇了一跳！剛剛究竟發生了什麼事？在光天化日下居然有人給我當頭棒喝？！我驚嚇地發現，原來身邊的每個人手上都拿著一支玩具棒槌，逢人便敲頭。

原來誤打誤撞的，我抵達波爾圖的當天，竟是這個城市一年中最盛大的慶典。這個從西元十四世紀開始流傳的古老聖約翰慶典（Festa de São João do Porto），讓整個波爾圖市陷入了瘋狂。一種歡娛的、童趣的、友善的瘋狂。根據傳統，這天波爾圖市民會以五彩繽紛的彩旗裝飾著自家街道，當天會在路邊架起烤肉和烤沙丁魚的攤子，放出震耳欲聾的葡萄牙傳統舞曲，配上各式葡萄酒。任何經過的人都能一起隨興起舞，恣意喝酒。

街頭上飄著烤魚、烤肉的香味，市民們湧上街頭，和來自世界各地的觀光客盡情飲酒，開懷跳舞。你可以對街上任何不認識的人，敲下你的玩具棒槌，意謂著祝福對方一年好運。隨著夜色近晚，城市的瘋狂也愈接近高潮。酒、音樂、笑聲，以及搞笑的棒槌，已演變成街上陌生人突襲的你追我打遊戲。我走在街上寸步難行，一方面被各種葡萄酒和烤肉誘惑著已然微醺，另一方面身為嬌小的東方女性夾雜在一堆又一堆高大的西方人之間，自然成為突襲的焦點。我站在人群中間，被數十支棒槌擊著頭，笑地我無力回擊，因為這畫面實在太有趣了，周圍的人們笑著抱成一團。數不清喝了多少杯Sangria和當地的Super Bock啤酒，數不清自己敲了多少個小朋友（因為只有他們比我矮）和各個不同人種、各種不同年紀人的頭，這一晚，我和全城市的人都交了朋友，感覺奇幻卻又真實。

依稀記得來自波蘭的一對觀光客夫妻硬是拉著我的頭邊笑邊打，葡萄牙籍的街頭攝影師要我對著他的鏡頭猛敲（當然我還是直接敲在他頭上，傳統嘛）。在路上一位胖胖的老奶奶拉著我要我買棒槌，她用一連串我聽不懂的葡萄牙語好像在告訴我如果不買一定會後悔（真的！手上怎能沒有武器！）。後來我掏出二歐元給她然後大笑三聲，對我又親又抱地說著

CASA
MARLINDO
VINHOS
PETISCOS

Obrigado Obrigado（葡萄牙語「謝謝」）！除了一起放聲大笑，我想不到更適合表達的方式。轉眼間，葡萄牙大叔拉著我，在人群中一起跳舞，嘴上唸唸有辭地叫我跟著他的舞步，一旁的觀光客用英文在我耳邊大叫邊翻譯著，已然微醺的我們最後以友善的擁抱然後猛敲對方的頭結束了這亂七八糟、好笑又不好看的舞。

那一晚，是我人生中第一次體會這樣瘋狂又友善的街頭派對。當然我也聯想到台北市政府前的跨年倒數以及墾丁的春吶，而這裡的聖約翰慶典卻截然不同。這裡是個相信人性本善的地方；他們雖窮，卻沒有小販想要占便宜，沒有人想要偷東西，沒有會對你品頭論足或大放種族情結的言論。只要大家今晚聚在一起，我們都是上帝的子民。任誰都可以互相擁抱，一起跳舞。那是一種原始的、自然的、親密的人類交流，無關種族、國籍、性別與年齡。

我貪婪的想要把它們一輩子記在腦海裡，因為我知道只要一離開這裡，離開了這晚，我又會與人和人之間的猜忌和各種欲望相遇，又會在人類價值批判的洪流裡自捆自縛。波爾圖正用它的善良，提醒著我們，價值批判竟是如此的可笑。

慶典過後，波爾圖又恢復成為那個靜謐的魔法城市。這個城市在葡萄牙經濟沒落的趨勢下，卻在近十年內悄悄地再度回到名列前三名的全球旅遊聖地。遊客到此品嚐甜蜜的波特酒，同時拿著相機捕捉「萊羅圖書館」裡霍格沃茲學院的蹤影（電影《哈利波特》中著名的霍格沃茲學院紅色魔法階梯，就是在這裡取景拍攝的）。他們想像自己可以如J．K．蘿琳般，在Majestic這座全世界著名的美麗咖啡館，神奇地寫下那本傳奇的《哈利波特》。看遊客們在這裡尋找著電影裡的魔法蹤跡，不知為什麼卻有一種淡淡的哀傷。我漸漸能體會為什麼當時那個白天在波爾圖教英文、晚上寫作的單親媽媽，在這城市與愛情相遇，卻又在這城市裡失去了愛情。當面對窮困與潦倒，波爾圖的每一個角落、每個片段，成為她傾洩而出的情緒，成為她揮別現實卻又從現實創造出的魔法世界。然後我們有了《哈利波特》，我們又重新相信了魔法。

美麗的童話故事背後，都有哀傷的現實人生。這個沒落的航海大國在金融危機後一蹶不振，處處都是衰弱的景象。遊客相機裡美麗五彩斑斕的波爾圖背後，是波爾圖一棟又一棟被棄置的大樓。我在路上遇到許多年輕人，找不到工作而放下尊嚴向觀光客伸手乞討，他們的臉上並沒有街頭藝術家的笑容，取而代之的是一種淡淡的無奈。上午十一點走在市中心的金融區，一度讓我以為今天是不用上班的星期天。這是波爾圖的真實面，美麗的背後，是日常的哀傷。

然而它的哀傷與沒落，背後卻屹立著對美好生活的嚮往，對美學的堅持和尊嚴。他們並沒有為了振興經濟而建造新大樓，並沒有為了吸引觀光客而開發出各種匪夷所思過度包裝的旅遊產品。中世紀的樓宇仍然斑駁，杜羅河依然靜謐。在這裡，人們還是善良地對待別人，該喝酒時喝酒，該跳舞時跳舞。無論世界的經濟對它多麼的殘酷，波爾圖仍是默默地在那矗立著，悲傷而美麗地見證了這個國家的興起和衰弱。

我理解了那位悲傷的單親媽媽，對她感到尊敬。在這裡，她走過的石板路，她看到的路易一世大橋，她停留的書店，她穿梭著在河濱區千年的彎曲小徑，廣場的郵局、銀行和色彩斑斕的大教堂，為她殘酷的現實生活創造了一個出口，同樣也為全世界上億的兒童（和成人們），創造了這個目眩神迷的魔法世界。

是吧！誰都想像哈利波特一樣，魔杖一點，就能逃脫出現實，在另一個神祕的世界，用自己強大的魔法，擊敗每個人心中那個不願面對的佛地魔。我不想承認波爾圖因為《哈利波特》而某種程度地振興了這個城市的旅遊（這個說法太小看它了）。實際上是，早在《哈利波特》誕生的好幾百年前，波爾圖已經用它自己的魔法，默默地存在著。即便現實充滿不順遂，我們仍需挺起腰桿，相信現實中一定有魔法，然後繼續美麗而開懷的活著。這是波爾圖。熱情又冷靜，美麗又哀傷的魔法石。

想到這裡，我不禁抬頭看著藍天，突然感覺，天空中彷佛有人騎著掃帚飛過。

RECIPE

舉世聞名的波特酒

來到波爾圖前，我對波特酒一直沒太大的好感，原因是我實在非常不喜歡任何過甜的口味。然而來到了波爾圖杜羅河谷區實際走訪酒窖後，卻也深深愛上了這個香味迷人，有著莓果及巧克力味，衝擊又豐富的強化酒。才明白波特酒以及杜羅河谷區自西元十七世紀就成為全世界最古老的法定保護區，不是沒有原因的。雖然這種風格強烈的強化酒在全世界各地都有生產，卻只有波爾圖生產的酒，才能被稱為波特酒。

波特酒是許多廚師的愛好。在鍋裡加入波特酒收乾後成為濃厚的汁液，強烈的丹寧味揉合了肉汁的鮮味，是最美味的牛排醬汁。而波特酒最適合作為餐後甜點酒。用比室溫稍低的溫度入口、搭配起司或巧克力剛剛好。後來在波爾圖發現，用它來搭配焦糖海鹽味的甜點，口感更是富有深度和層次。又甜又鹹的焦糖海鹽冰淇淋，啜一口有著強烈個性的甜味波特酒，讓人不禁想要微笑的幸福感。也許這就是現實生活的魔法吧！

第八章

托斯卡尼的煙火

六十歲的義大利大廚芭芭拉，戴著她自製的彩色廚師帽，扶著老花眼鏡，嚴厲地瞅著我，我感到背脊上一股涼意。緊張到冒汗的手心，手上正握著一根可憐的麵條。細細的一根麵條，對我來說卻是如此的珍貴……方才花了三十分鐘使出全身力氣和著麵糰，接著再等待三十分鐘醒麵，切出一個個小麵團快速搓揉著，接著得用手指的張度讓它展開成特定的長度和寬度。這不是一件簡單的工作，手心的溫度和濕度都會影響搓麵的結果，當然還有大廚芭芭拉像教官般在我耳邊不斷訓斥著，讓我精神極度緊繃，更增加了它的難度。我用著發抖的手心，捧著那根哀傷並淒慘的麵條，等待大廚芭芭拉的審判。

「不行，重做！」我眼前一黑。花了這麼長時間，我才搓了一根麵條。一根！待會我必須做成一整盤 Pecorino cheese 黑胡椒起司義大利麵

（CACIO E PEPE SAUCE for PASTA），要做到什麼時候！我內心充滿各種委屈，邊搓著麵條的同時不小心說出了心裡的話：「這種麵條在超市不是有賣現成的嗎？為什麼要這麼大費周章……」大廚芭芭拉沉默了一會兒，抬起頭，眼睛直視著我，彷彿我剛才說了一句足以被逐出廚房永世不得翻身的話。「當然你能去超市買，不過，這是你的選擇。」我默默地閉上了嘴。兩個月前的某天，我突然決定離開工作，拎了一只行李箱大老遠跑來義大利，站在這個廚房裡，我究竟在幹嘛呢？

大廚芭芭拉，是我在佛羅倫斯遇到的第一個，而且是唯一的一個不能稱為朋友的朋友。

來到佛羅倫斯已經近兩個星期，我幾乎沒有去過任何地方。每天只能做的一件事，就是在廚房裡和大廚芭芭拉奮鬥三個小時，最後拖著全身痠痛的

肌肉和徹底被擊潰的自信心，精疲力竭地回家。別人在佛羅倫斯喝著美酒、吃著義大利麵、浸淫在文藝復興的夢幻裡，我則是每晚坐在公寓的陽台上孤單地盯著的月亮，覺得自己是連麵都煮不好的笨蛋。大廚芭芭拉，六十歲，曾在佛羅倫斯擁有一個頂級義大利餐廳並擔任大廚，父母要她當個平凡的教師，她卻堅持在廚房裡實現她的熱情；已經退休的她，現在選擇在烹飪學校教書，然後我就這麼與她相遇了。外表的她看起來是個標準嚴格的義大利老奶奶，當她的眼睛瞅著你時，能感覺自己在她面前無法藏住任何祕密。而私下的她，有著一顆相當搖滾的內心（有一次被我撞見她拿著砧板當作電吉他在廚房裡唱著搖滾樂）。個性像個老頑童的她，一站在廚房裡，卻嚴格得像個鐵血教官。

第一次見到芭芭拉，她義大利口音的英語讓我近乎崩潰。英語並不是太好的她，常常忘了我並不會說義大利語，在情況危急時衝著我喊叫著一堆義大利語讓我又緊張又完全摸不著頭緒。

什麼叫廚房裡的危急情況？快速攪拌要結成塊的融化奶酪，翻炒快要燒焦的大蒜，在打完雞蛋後沒有立刻洗手，在麵團快乾掉的狀況下緊急撒上麵粉……這時候她會衝著我以義大利語大喊著：「攪拌！快點！動作快！」「你在幹嘛？No～重做！快點！快點！快點！」事後我發現這幾句話，竟是我在義大利生活近一個月所學會全部的詞彙。從小身為一個要面子的學霸，來到這個城市的前兩天，在廚房裡犯上各種錯誤，被各種吼叫，搞得自己壓力很大，沮喪地想要買張火車票立刻逃離佛羅倫斯。每天起床，想到今天不知道會犯什麼錯，想到大廚芭芭拉對我嚴厲的眼神，又像個小學生一樣賴床地不想去上課。

那天，佛羅倫斯的太陽依然亮得刺眼，我們學習的菜色是番茄鯷魚義大利麵。這道菜的義大利原名是「煙花女（妓女）義大利麵」；它源自義大利南部，是當時的貧窮工人在辛勤工作一天結束，跑進煙花巷盡情尋歡後，隨便吃的一道麵食（如果你要問我這道麵的味道具體如何，可以告訴你，它的確像是工人們在煙花巷尋歡後會想要吃的麵食味道……當然，我也只能用味覺想像那種感覺而已）。大廚芭芭拉用她簡單的英文，努力想要向我們解釋這道菜名背後的故事。嗯……煙花巷？尋歡？妓女？英文怎麼說呢？於是這一次換成她，以她破爛的英語，汗流浹背地向我們解釋一件她不知道該如何解釋的事。遇到不會的英語單字，她只能用肢體語言還有誇張的表情努力地詮釋。我們好像在玩比手劃腳遊戲般，一直搶答到底她在說什麼。當她非常努力在用肢體語言詮釋「妓女」一詞時，我忍不住笑出來。芭芭拉忍不住對著我哈哈大笑；原來，她也是個平常人，大廚也有不會的事情。

接著她向我們示範如何清理鯷魚。手上抓著一隻小小的鯷魚，她問我：「你知道清理鯷魚前的第一步是什麼嗎？」我在心裡快速盤算著各種廚房101則技巧準備回答時，她把眼睛閉起來說：「是深呼吸，唸Om～冥想三分鐘。因為，這件事實在太討厭了！」我又忍不住笑了出來，大廚也有她在廚房裡討厭做的事。的確，要給這隻十公分不到、軟軟濕濕的小鯷魚做體內清潔工作，真的是太討厭了。手握著這隻黏稠滑溜的小鯷魚，去頭、挑骨，是一個必須不怕手腥以及需要無比耐心、恆心的工作。我把自己想像成外科醫師耐著性子清理了第一隻鯷魚，端給大廚評分，等待著挨罵。然而，她點著頭對我眨著眼，第一次說了Perfectto（完美）！

那天，因為一隻比手掌還小的鯷魚，我終於得到了大廚的肯定！我蹦蹦

跳跳開心地下了課，到街邊轉角的酒吧給自己點了一杯沁涼的白葡萄酒，舉杯對著托斯卡尼的太陽，覺得能完美地搞定一隻鯷魚，比在工作上贏得新生意還來得得意！

其實不記得學過的菜色究竟有多特別好吃，我只是單純地喜歡待在廚房的感覺。芭芭拉大廚常常讓我想起我身邊許多資深的前輩。他們總對自己的工作有無限的熱情，雖然做了一輩子，雖然有各種壓力和挫敗，雖然身心俱疲，但每天只要站上工作崗位，身體彷彿有個機制自動打開，不偷懶也不抱怨，依然能用輕鬆玩樂的心情，對待自己當初選擇這份工作的熱情。雖然我為了逃離工作而躲進了廚房，然而此刻看著站在廚房裡的大廚芭芭拉，我卻有點想念我的工作。

當大廚示範著各種作法時，我常脫口而問：「為什麼？」「為什麼不能先放油再放洋蔥？為什麼你昨天用紅酒今天用白酒？為什麼這道菜要用這種奶酪？為什麼鹽要先放而不是後放？為什麼今天又是番茄？為什麼你要當廚師？」我總是一逮到機會，冒出各種問題。我總想要知道更多、更多的故事，我想要知道這世界上全部的事。大廚總是對我的各種問題停頓三秒，再微笑著回答，彷彿這輩子第一次有人問她這樣的問題。而同學總是沉默地看著我問各種問題，惱怒著我打斷課堂的進度，彷彿我是一個來自外太空的人。

有次大廚芭芭拉示範如何肢解一隻鱸魚。這個過程並不簡單，手上的髒腥不說，還得有勇氣和耐心用手觸摸，細細分辯魚肉和魚骨及內臟之間的位置，再果斷地用刀使上完美的角度切下去。大廚芭芭拉以絕佳的技巧示範完成後，拿出另一隻魚問：「現在，誰來試？」現場同學們都害怕地倒退三步，我卻興奮地立刻舉高了手，迫不及待想要支解那條魚（學霸又上身）。

既然身在這裡，不就該一直學、一直試、一直玩嗎？如果不願意嚐試，不願把手弄髒，不願用玩樂的心去看待嚴肅的事，怎麼能去明白以及體驗這世界上許多道理？

那一年，我用了九千公里的距離倉皇逃離了讓我身心俱疲的廣告工作。然而那一刻身在九千公里外站在廚房中央的我才赫然了解，該擺脫的不是工作本身，而是不知道從何時就慢慢放棄了好奇和玩樂的那顆心。

結業的那一天，大廚芭芭拉給我一個熱情的擁抱。她說：「你是我最棒的學生！」「你知道為什麼嗎？因為You are hungry（你無比的飢渴）！你對世界充滿好奇，在廚房裡你像朵炸裂的煙火，因此你會成為一個很好的人。」我熱淚盈眶，感到受寵若驚。

好奇心，對世界的渴望，對愈嚴肅的事愈要輕鬆以待，而當事情失敗時，卻又能用幽默的態度看待。這些都是從這份工作培養出來的，我不知道是因為自己擁了這部分特質才能成就這份工作，或因為做這份工作而不知不覺地內化了自己的這個部分。可笑的是，短暫離開了廣告的世界，我才真正感到為自己的工作自豪，也為了這份工作訓練了我用不同的方式看待這個世界，有著無限感激。廚師和廣告人，它們如此的相像：嚴謹、創意、科學、隨興，又能玩樂。

大廚芭拉拉最後問我，你為什麼來這裡？我笑著回答，因為我很飢餓。再也不用煮義大利麵的那一個托斯卡尼豔陽的下午，我在天空，為自己放了一個小小的，只有我自己看得見的煙火。

RECIPE
煙花女義大利麵

這是道味道強烈的嗆辣義大利麵，也難怪，它會有一個如此讓人有畫面感的名字。以洋蔥、乾辣椒切碎炒過（這個時候味道已經十分有個性了），再加入有著鮮鹹味的油漬鯷魚拌炒，接著倒入碎番茄，和切片過的橄欖和酸豆，揉和成了一道有著辣、鹹、甜以及酸味的義大利麵。我不知道以前的義大利男人進入煙花巷時是什麼樣的感受，但至少這種味道奔放，不管三七二十一什麼都加入醬汁裡的麵，總是讓我想起義大利托斯卡尼的陽光，以及當時那個對世界充滿好奇並且想要放手玩樂的心。

第九章

孤島

不知道有多少人會同意我接下來要說的這件事：單身的人真的很害怕已婚人士向我們抱怨另一半。

當然，身為一位忠實、可靠又善解人意的朋友，什麼生活上的疑難雜症我都是兩肋插刀上山下海義不容辭。但是每當朋友，無論男的或女的，向我泣訴他們合法的另一半那些無法容忍的罪行：諸如不洗碗盤、不刷牙、不愛出門、不會交際、工作不上進、生活不用心、孩子不照顧、性生活不協調、價值觀不合，又愛藏私房錢等大大小小的事……當這種狀況發生時，我心裡都會忍不住有千百個問題。但這些話說到嘴邊時，理智會告訴我要立刻停止，千萬別插嘴。

經驗告訴我，已婚人士的常態，就是他們對另一半永遠不滿意。

縱使心中有一萬個為什麼，千萬，別插嘴。我把這種必須 Hold 住自己不能發表言論又得耐心扮演一個完美聽眾的心理糾結狀況，稱為黃色警報（那麼紅色警報是什麼？紅色警報是你的單身朋友正要和一個渣男交往而你怎麼拍打都不醒的人類危機）。

唉，我懂。婚姻真是一件很難的事。

不，我不懂。

義大利北方有一個偏遠又隱密的地方，叫做五漁村（Cinque Terre，義大利文的原意是五塊土地）。一九九七年這五個臨海地勢陡峭卻又彼此不相連的島嶼，被聯合國教科文組織列為世界遺產。幾世紀以來，五漁村是拜占庭海軍的前哨，人們卻在陡峭的山坡種植各種經濟作物——葡萄、橄欖、檸檬等，世代以務農為主。五漁村以巷弄間刻意設計的蜿蜒和複雜著稱，據說這是為了防止海盜入侵而布下的迷魂陣。而它最著名的明信片風景，就是一排排建在陡峭山崖上五顏六色的房子，與藍色的地中海相映成為海岸邊一道美麗的彩虹。這五彩繽紛的建築雖然建構為軍事防禦之用，卻有另一種說法是為了方便出海捕漁的男人們，從海上回頭一看便能一眼辨識出自己的家；當然，也便於他們一眼辨識自己的女人是否在他們辛勤捕漁的同時，出現在別的男人的其他顏色的房子裡。哈！人們對於婚姻的不信任，跨越了不同的世紀與不同的國度。

據說五漁村幾世紀以來，是互不相通的五個島嶼。Manarola 和 Riomaggiore 這兩個島嶼為了讓彼此村裡的年輕人談戀愛時能方便幽會，於是開始在兩個島嶼間修築棧道（後來稱為戀人之徑）。戀人之徑近幾年來因為年久失修而暫時關閉，但上百年來人們為了見愛人一面而攀爬這陡峭的山壁，到底那時候是在想什麼？走在陡峭的山壁想著就快要見到愛人一面但又可能會失足墜落的心情，究竟在想什麼呢？

也因此當我看到「五漁村登山團」這個當地旅遊選項時，立刻毫不猶豫地報名了。從佛羅倫斯坐火車到達拉斯佩齊亞（La Spezia）時，我們的領隊是位年輕熱情擁有歷史學位的義大利女孩。她讓我們做好了心理準備，這不是一條輕鬆的健行路。我們得在大太陽下曝曬三小時一路走到至高點，從這個島沿著山徑走到另一個島，途中山崖的高低起伏雖然有階梯，然而有些地方年久失修必要時必須雙腳雙手同時攀爬。她說到這裡，我想起來我們中國故事的牛郎與織女，咻一下就有鵲橋，感覺那場戀愛似乎輕鬆許多。

突然間我瞥見了同團的一對年約七十幾歲的老夫妻。老奶奶滿頭銀髮、眼神充滿慈愛，她看著我，對我笑了一下，我注意到她的手中拄著拐杖。老爺爺則站在不遠處，冷漠面無表情。我看著老奶奶，心裡不禁為她擔心了起來，這樣的年紀拄著拐杖要和我們健行山路大半天究竟是否吃得消。不過既然這對老夫老妻來到這裡一起旅行，想必然對自己的腳力胸有成竹。

半小時過後，我心裡開始後悔起來。老天爺！這實在不是個輕鬆的路程。八月夏天，義大利四十度的高溫曬得我頭昏眼花，汗滴在我的眉間，踩在泥土地上的雙腳已經開始發抖。我低頭走著，眼角瞥見走在我身後的老奶奶，她揮汗如雨，吃力地一人拄著拐杖走著，老爺爺早已失去了蹤影。突然她腳上一滑，本能地我立刻伸手一把抓住了她。「噢！謝謝妳！你真是個善良的天使！」她看著我像是看到了救星，眼中充滿了感激。「唉！年紀大了，腳不行了！但我家那位仍堅持要來五漁村走一走。唉！你看！風景真的非常美，不是嗎？」她有點難為情地笑著說。這位大老遠從美國威斯康辛州來的老奶奶，一把年紀了還能如此正面樂觀地享受對世界的好奇心，當場我對她升起了小小的敬意。我前後望了一下，她家那位呢？怎麼沒在身邊陪著她？也許看穿了我的狐疑，老奶奶說：「唉，他就是這樣，自己一開心起來會完全把我丟下。」我告訴她沒關係，我會一路攙扶著她往下走，心中對這位老爺爺開始產生狐疑。

「你還沒結婚吧？奶奶我告訴你，婚姻就是這樣，有時候你真的會很生氣，問自己為什麼要和這個人相處一生。」喔！不妙，黃色警報升起，我暗自感到心慌。接下來三個小時的這條陡峭的山徑，我有二種選擇，第一是快速走避成為一個沒有良心丟下一位老人讓她自生自滅的壞女人，第二就是安靜閉嘴地扶她一把，並且甘心接受這堂在攝氏四十度下上天給我安排的婚姻課。

當然，我怎麼可能丟下她不管。我一路扶著她，她走得慢，我們與團隊漸漸拉開了距離，最後變成整條小徑上只剩下我和她。老奶奶像是遇到了救命稻草，用力拉著我一步一步踩在不平整的山路上，而也貌似因為我好像救了她一命，她必須以傳授我結婚四十年經驗的相處之道作為報答。我右手扶著她，雙腳發抖踩著陡峭的山路，左手是藍到刺眼的地中海，頭上頂的是四十度的大太陽。在這浪漫的戀人之道，展開了我根本沒有報名的婚姻課程。毫不意外的，老奶奶開始抱怨起另一半。他們結髮四十年，他永遠不夠體貼，他永遠有她不懂而必須堅持的原則，永遠都不懂得溫柔，任何事還是以自我享受為主。

說穿了，即使結婚四十年，對方終究還是個自私的一個人。我想起身邊那些在婚姻裡快樂或不快樂的朋友們，也是同樣的模式，在婚姻中抱怨婚姻，然而卻又仍選擇繼續婚姻。老實說我實在不明白為什麼。

我們終於走到了至高點。

地中海的海風吹著，刺眼的藍色，四周沒有半個人，安靜到有一種神聖的氣場。我們回頭望著出發時的島，這時從另一岸才能俯瞰著它五彩繽紛的全貌，在太陽下安靜的閃耀著，美到令人不想說話。「人有時就是要走開一下，從這裡回頭看，才能看到對方原始美麗的全貌，不是嗎？」老奶奶笑著說。「唉！這景色實在太美了，我真感謝我家那一位硬是要拉著我來這裡。好吧！為了這個我可以原諒他了。」她眨眼笑著說。

突然間我好像明白了婚姻這件事。畢竟每個人生下來都是一座孤島，即使一起相處了好幾個世紀，即使有著婚姻這條後天修築的戀人之道來維繫，但畢竟，人們還是一座孤島。它永遠有和你不同之處，永遠是自私的，如果你想改變對方，那就是個錯誤的期望。雖然彼此不盡相容，但它依然堅守信

用地矗立在你身邊，一起歷經風吹與日曬。有時，你就得拉開距離，回頭看看他的美，提醒自己當初為什麼選擇和對方一起修築這條戀人之道。

「讓我告訴你一個多年來維持美好家庭關係的四句話。」她接著說，「每天說我愛你，每天說我會在這裡，每天說我很抱歉，每天說謝謝你。」她對我眨著眼，「有一天妳會明白。」這樣看似簡單卻十分難做到的四金句準則，我竟然在這樣的義大利北方小鎮，得到來自美國老奶奶的傳授。

三個小時之後，揮汗如雨的我們，終於走到了終點。我們顯然是整團最後抵達終點的兩個人。老爺爺已坐在餐廳裡，點好了一瓶五漁村特產的冰鎮葡萄酒和炸得酥脆的新鮮鯷魚，靜靜的坐著等待著我們。「嘿！老頭子，這女孩救了我一命！還好一路上有她陪我。」老奶奶看著我，偷偷做了鬼臉，彷彿我們一起共渡一段充滿了祕密的旅程。老爺爺依然面無表情：「嗯！謝謝妳。」他替我倒了一杯冰涼的葡萄酒。三個小時的曝曬，我已是又餓又渴。坐在椅子上，我喝了一大口五漁村當地特有的冰鎮白葡萄酒，吃了好幾條新鮮鯷魚。炸得酥脆的新鮮鯷魚還冒著熱氣，擠上當地特產的檸檬，再配上一口冰鎮的白葡萄酒，地中海的鮮味和葡萄酒的礦物質味正好大大撫慰了我流汗過度的身體疲勞。我閉起眼睛好好享受這三個小時的奇妙路程，海風吹在臉上我感覺一種前所未有的平靜和滿足。然後右耳又開始聽到這對老人家的拌嘴。這次，兩人吵的是到底幾點出發前往集合地點這件事。吵到不可開交時，老奶奶轉過頭對我露出了一個無奈的表情，好像等待我這個中間人，為標準答案做出最後的決裁。我的黃色警報再度拉起，連忙閉上眼，大灌一口葡萄酒，假裝沒聽見。

唉！管他的，婚姻也許就是這樣。

RECIPE

五漁村酥炸鯷魚

我真的很喜歡漁港。雖然我不是出生在漁港的小孩，但台北的富基漁港、基隆港，宜蘭的礁溪頭城和大學過了四年的淡水港，都讓我對漁港特殊的味道和新鮮的漁貨感到幸福。這也許是為什麼當我到了義大利五漁村，聞著海風中夾著海漁的味道，有一種回家的熟悉感。即使是街邊隨便賣的小吃酥炸鯷魚，起鍋後灑上胡椒鹽裝在一個紙筒裡，擠上檸檬，要杯白葡萄酒，就這樣坐在街邊看著海港的船隻，再大口吸著隨著海風飄來的鹹味，這樣能坐上好一陣子。這才發現，這樣在口中炸開又燙又酥脆的鮮味，是五漁村的味道，也是台北、淡水、基隆、礁溪頭城我小時候，想念的每個味道。

第十章

大人的味道

只要一下雨，我就會想起倫敦。

不知道為什麼，下雨天倫敦的空氣，有一種大人的味道。小時候總覺得大人們特別掃興，就像倫敦突如其來的雨一般。原本開開心心地想要大口喝下的蘋果汽水，卻被大人罵糖份太高而被無情地搶走。原本一想要穿上心愛的小紅鞋在雨中踏水，媽媽說鞋子會弄髒而把雨鞋硬是拿到我面前。那時常常生著悶氣，為什麼下雨天不能穿心愛的紅鞋？鞋子本來就是要髒的不是嗎？雨茫茫的街頭有雙小紅鞋在水中飛舞著不是很令人開心嗎？大人總是這樣，有被害妄想症，心裡總是充滿陰鬱的念頭。燙過的西裝夾雜著菸草，是大人的味道，下雨天必須要撐傘快步地頭也不回的走過，是大人的味道，對什麼事情都要發表意見，對什麼事都不滿意，也是大人的味道。我小時候心目中的大人們就是這樣，充滿了不快樂而討人厭的大人味。

毫不意外的，倫敦又下雨了。九月秋天寒冷的滂沱大雨，他拉著我撐著一把黑色毫無生氣的傘，穿梭在擁擠的柯芬花園街頭，急著找餐廳避雨。來來往往的人在雨中跑著，九月倫敦的冷空氣挾著雨，凍著我直發抖。一個身穿帽T的年輕人匆匆跑過，踩著水花濺了我一身。「嘿！你走路小心點！」他生氣地對著早就跑遠的年輕人訓斥著，一口標準的女王式英語。我這位朋友，四十二歲的中年男子，是受過高等教育的倫敦記者。他雖然和英國王室貴族完全沾不上邊，但確確實實地操著一口女王式英語。女王式英語，根據維基百科的定義，是倫敦受過高等教育的人所使用的英語，絕不使用粗俗的俚語，用字遣詞講求務必精確，也就是所謂的BBC英語。

我們就把這位男士簡稱BBC吧。BBC先生只要一開口就有典型英國人什麼都有意見、什麼都看不順眼的特性。和BBC先生坐在倫敦的酒吧裡，辯論比較著誰更憤世嫉俗，成為我除了在攝政街 Burberry 旗鑑店裡喝免費香檳的行程外，唯一值得收藏的倫敦景點。

為了躲這場掃興的雨，我們不得已擠進了一家大排長龍的餐廳，拿到了最後兩個位置。我打開了菜單皺了下眉。BBC 搶先說：「噢！傳統英國香腸配馬鈴薯泥！嘿！很高興為你介紹英國正宗傳統佳餚，你會知道大廚 Gordon Ramsay 在電視上表演的都是騙人的喔！」BBC 先生邊笑著又露出憤世嫉俗的表情。我前前後後翻遍了菜單，非常確定這家餐廳只賣兩種東西，馬鈴薯——用切的、用蒸的、打成泥的、或用烤的，淋醬以及不淋醬。英式香腸——用牛肉、用豬肉、加起司不加起司的，淋醬以及不淋醬。然而這兩種東西居然能以二的倍數組合開成了一家餐廳，實在不可思議。我把最後的希望放在飲料單上，而飲料單只有英式蘇打汽水。我嘆了一口氣，「龐德先生，我的馬汀尼呢？」這個據說在社交媒體上評價極高的「英式經典香腸與馬鈴薯泥」的快餐店，擠滿了互相嘻笑打鬧的大學生，大口吃著完全不在乎卡路里的薯泥，並且大口喝著象徵青春的糖水。BBC先生皺著眉頭把菜單遮著臉對我苦笑著，露出了穿著講究的西裝下的Omega手錶；我拉緊了Burberry風衣上的領子，把身子縮進卡座裡。我們絕對是倫敦柯芬花園的快餐店裡兩個完全違和的大人。

服務生終於送來了餐，英式非女王的口音以及過於不切實際的陽光笑容要我們盡情享用。我們低下了頭，一坨白色的馬鈴薯泥上，粗暴地放了二條英式香腸，慘兮兮地躺在一堆不知道是什麼做成的濃稠醬汁海裡。沒有裝飾，沒有擺盤，沒有綠色的青菜或香料，悲哀地像是一艘擱淺的鐵達尼號。我們兩人望著那盤災難，不約而同地拿起了桌上的伍斯特醬

（Worcestershire sauce）往盤中猛倒。起碼，一點點令人熟悉的大人味，就是那一點令人安心的什麼。

「話說，你近來如何？」我問。「噢！看在老天爺的份上！」BBC先生於是從英國脫歐政策談到了英鎊貶值，再談到美中貿易影響，又牽扯到了手機的發展讓年輕人毫無語言能力的社會問題，「世界末日快來了，我想！」老天，他好適合下雨的倫敦。然後他提到了剛經歷痛苦的離婚。「像是被人剝了一層皮般。」他低下頭，默默地玩弄著手中的粉紅色蘇打水。「你說，人生是不是讓人非常失望？」好像是吧。這個時候我真想點杯詹姆士龐德先生鍾愛的馬汀尼，比起蘇打汽水，它更適合大人的我們。「噢！不過還是有令人愉悅的事！」BBC先生的眼睛，突然露出了光芒。令人愉悅的事，Delightful，他說。我在心中重覆這個單詞，心裡想著什麼樣的人會用這個詞描述自己生活中的什麼事，以及我的生活裡，有沒有令人 Delightful 的事可以拿出來說。他接著從口袋中拿出手機，把新買的二手保時捷車的照片推到我面前。「你看她，是不是很漂亮？」（居然用「她」來稱自己的車子）。我盯著他，中年危機無誤。餐廳裡的大學生們打鬧聲變成滑稽的背景音，我拿起叉子叉了一塊香腸放入嘴裡，空氣中有熟悉的倫敦的雨的味道，手指上還殘留一滴伍斯特醬。

我看著坐在我面前的高級知識分子，想起我身邊的那些熟悉的身影。即使活到了一定的年紀，即使心裡千瘡百孔，還是想在什麼地方至少能對自己任性的好。時不時，再來輕描淡寫地說著心中的傷，好像談著一件和自己不相關的事。啊！原來這就是大人。小時候我們都好討厭大人；大人好愛管這個管那個，大人說話好無聊，大人都不懂現在流行什麼，大人怎麼那麼多顧忌。小時候不想成為大人，可原來到現在自己也默默的成為那個大人。大人的味道，就像我手中這瓶味道很難形容的伍斯特醬，有酸、有辣還有點甜，經典，卻又無法確切形容的味道，五味雜陳卻又讓人無法忘記的味道。

我們從餐廳走出來，倫敦的街頭還下著細雨，不過烏雲後，陽光已透出一點光。我和 BBC 先生道別，不知道下次見面時，他又會對什麼事情充滿憤世嫉俗，又會挖苦什麼人。我回頭望著他，他直接把傘收了，淋著小雨、拉起衣領，輕快地走向地鐵。大人的味道，還留在我手上的殘餘的伍斯特醬。

RECIPE

血腥瑪利義大利麵

伍斯特醬是一種來自英國伍斯特的調味料，又稱喼汁、辣醬油、李派林醬或英國黑醋。它的外觀看起來色澤黑褐，常讓人誤以為是醬油或黑醋，但嚐起來味道有特殊層次的豐富，又酸又甜帶點微辣，帶點蔬果香以及辛香味，這種醬汁常常畫龍點睛地帶出食物的香味。也是經典調酒血腥瑪麗（Bloody Mary）不可少的材料之一。

英國大廚的 Gordon Ramsay 曾經做了一道「血腥瑪利義大利麵」（Bloody Mary Linguine）。把洋蔥炒熟後，加入伍斯特醬特有的酸甜鹹醬汁，煮開後接著以Tabasco衝鼻的辣味來提味，最後加入一點伏特加酒，將洋蔥和醬汁混合後揮發，接著加入番茄丁熬製成濃厚的醬汁。這樣的味道，在甜美的番茄背後藏著暗潮洶湧的辣，但是伍斯特醬汁卻又把它融合成酸甜的口感，妙的是那殺人於無形的伏特加酒，是只有嚐過特定滋味的人能辯識出來的味道。最後拌入義大利麵，加入炒過後的麵包粉，成熟的義大利麵卻伴有酥脆愉快的口感，這種深厚複雜卻能平衡掌控童趣的味道，我認為，是只有真正的大人才能嚐出的深刻味道。

第十一章

當冰箱只剩下烏魚子

愛莉絲的冰箱

在異地生活的台灣人有種相當奇怪的內心糾結，就是深怕某天會吃不到好東西而家徒四壁、彈盡糧絕，情緒慌張之下進而在家中瘋狂儲存食物的山頂洞人行為。也許是因為離開了家鄉，心理總有些不安全感，也或許是傳統台灣父母從小教導的觀念告訴我們好東西不能立刻享受，這種非得留到什麼特別的日子才能吃好東西的節儉行為，觸發了每個人默默地在兩岸三地頻繁挾帶及儲藏食材的競賽。在大陸工作和生活了十多年，我常覺得這種行為非常不可思議，而且，真的只發生在台灣人身上。

我有個朋友，前陣子決定從北京搬回台北。北京三年的日子，隨著那一堆堆紙箱封鎖在回憶裡，毫不留念地全部打包帶回。那些可能再也用不到的加濕器、電飯煲、鍋碗瓢盆，那些伴隨著每個夜晚辛勤和寂寞工作的酒杯，咖啡杯、書、音響，都被她一箱一箱打包，放入了不知道什麼時候才會再開啟的箱子裡。而冰箱的那些火腿，老家帶來的醬油，超市搜來的眷村辣醬，也就這樣默默地送人，或直接送進了垃圾桶。就當她把家清得乾乾淨淨，車子一箱箱把過去就這樣載走，揮揮手不帶走一片雲彩後，她突然發現冰箱冷藏庫的一角，還默默地躺了一片烏魚子。

這片烏魚子大概放了兩年多了吧。依稀記得某年春節從家裡帶來，小心翼翼放進冰箱裡珍惜著，一心想著哪天想家時或情緒低落撐不下去時，把它打開來就著淚水和高粱酒，淚流滿面地吃下去。然而總想著要留到哪一天一定要吃，結果那一天卻從沒有到來。

現在可好了。沒有爐具也沒有鍋碗盤，一貧如洗的家，竟然還躺了一只珍貴的烏魚子。怎麼辦？這真的很尷尬。烏魚子在台灣人心目中的地位，是個絕對不能糟蹋的珍貴食材。通常這種食材都是過年過節親朋好友送的，媽媽們捨不得吃偏要塞進行李箱給外出的兒女們在異地想家時拿出來邊吃邊流淚的東西。這種東西一旦從媽媽手中拿下，絕對不能送人或扔掉。

她傳了個訊息問我怎麼辦？在我遠水救不了近火也不知道該怎麼辦時，她傳了個影片給我：拿出身上僅存的一只防風打火機，在離開北京前的最後一晚，對著這相處了三年空盪的客廳，對著這座曾經充滿鬥志卻又遍體鱗傷的城市，低著頭，用一只打火機慢慢地烤著手中那片珍貴的烏魚子。想著這畫面，有點諷刺，原本是用來救急思鄉情懷的珍藏食材，最後卻變成瀟灑告別過往的祭品。仔細一想，我還是給她這個頗有詩意的行為按了個讚。

我盯著她小小燭火上烤著的烏魚子，赫然想起，自己家冰箱的角落也默默地躺著一片被我遺忘了多年的高級烏魚子！總想著哪個特別的日子來到時，必須好好享用，但怎麼老是到了那個日子來時，永遠還會有下個更值得吃它的日子。於是它們就一直這樣被遺忘在冰箱裡，默默地、悲慘地過了保存期限。

後來我發現有這樣奇怪行為的人真的很多。我的朋友愛莉絲，行為打扮看起來就是個時尚嘻哈的年輕潮人，卻有個十分奇怪的觀念，就是堅信東西擺在冰箱裡不管多久都不會壞。於是她愛上了儲存食物的癖好，一個冰箱不夠竟還買了第二個冷凍櫃，踏踏實實地擺在客廳的角落。我們就把它稱做「愛莉絲的冰箱」吧。我竟然在愛莉絲的冰箱裡發現了二〇〇七年就已經過期的小魚乾，二〇一〇年已經過期的鮑魚，費勁團購、不知放了多久的海參，義大利搜羅來的松露，大老遠從日本扛回來的明太子，還有香港海味街的花膠……覺得有了這些帶回身邊塞進了冰箱，哪一天災難降臨時，依然還能享受養生又滋潤的人生；覺得只要把它們率性地冰凍起來，人生的任務就

完成了。可每到了吃飯時間，不知為何還是習慣地點外賣。從此對我來說「愛莉絲的冰箱」有種神聖又詭異的感覺，像是超越時空的潘朵拉黑洞，你永遠不知道還會在那裡找到什麼。

某個工作堆積如山的週一夜晚，我坐在客廳裡左手回郵件、右手傳信息，被客戶逼得焦頭爛額時，心中突然興起了個念頭：「不如先來杯紅酒，一邊工作好了。」一心三用的結果是：當我隨手拿了一瓶紅酒，用右手信手打開它的同時（左手還在同時回覆信息），當瓶塞「波」地響起了世界上最美妙的一聲時，我突然意識到，糟了！我開錯酒了！啊～來不及了！這瓶價值不菲的上好波爾多紅酒已經被我打開了！這瓶我想留著和什麼人一起在沙發上碰杯的酒，這瓶我引頸期盼選定好慶祝時機的酒，這瓶該是和好朋友一起配著高級松露牛排和起司的上好美酒，現在它卻在這個莫名其妙的週一晚上，沒有要慶祝的理由，沒有要分享的人，躺在一盤黃飛紅花生米和一堆沒有回覆的郵件旁，就這樣被打開了。

當場我有一種莫哀三分鐘的無語感。

然後我又想起了烏魚子的故事以及愛莉絲的冰箱。心中突然莫名的一鼓悶氣從丹田湧上。難道好酒一定要在好時機和別人分享才行嗎？難道在辛苦工作的週一晚上不值得慶祝嗎？難道，該慶祝的不就是我本人嗎？沒有理由，不需要藉口，就是為自己，值得一瓶好酒的鼓勵，不是嗎？我想起之前那些存了有些時候的好酒，在普羅旺斯親手製作酒標的酒，還有那些已想好：「啊！放到××歲時再開的酒」和「這是×××會一起喜歡喝的酒……」後來都因為某個意外全部遺失了，至今我還無緣體會它嚐起來是什麼味道。想到這裡，十分後悔當時沒有即時打開它，至少現在還能用味覺的記憶，品嚐那樣的味道。

於是就在那個週一的夜晚，那個不小心開錯了一瓶珍貴紅酒的加班夜晚，我當下決定把冰箱那躺了一年的烏魚子打開來。先以白酒浸泡十分鐘，撕去外皮，在鍋上不放油乾烤。烤過的烏魚子有深海的味道，和著酒的香味，廚房裡瞬間變成高檔的居酒屋。切些青蒜，再切些清甜的白蘿蔔，大口咬下有嗆辣、有酒香、有魚子的鹹味還有清脆。我不懂這樣好的食材，為什麼我要把它放在冰箱整整兩年而不即時享受呢？

每個人生活中總有那麼一個「愛莉絲冰箱」吧！想去做而永遠覺得時機不到於是晚點再做的事，想要去但總是覺得能下次再去的地方，想要慶祝的心卻又覺得還會有更好的事來臨，遇到喜歡的人永遠都會覺得下一個可能更好。然後就這樣，時機一個個的錯過，待辦清單卻愈來愈長，愛莉絲的冰箱則愈填愈滿。直到有一天，保鮮期過了、懶了、累了，沒有精力了，才在後悔不知道當時那個充滿動力、充滿好奇以及愛惜生活每一分每一秒的心，嚐起來是什麼味道？

所以，我決定就這樣開始即時行樂吧！好酒必須立刻喝，好食材必須立刻吃，喜歡的人必須立刻告白，想去什麼地方就立刻收起行囊，想要訂的目標現在就要去做。把生活裡和心中的愛莉絲冰箱清空，才會有更新鮮的人、更有趣的人，更值得回憶的經歷，趁著保鮮期時，一個一個的填進來。

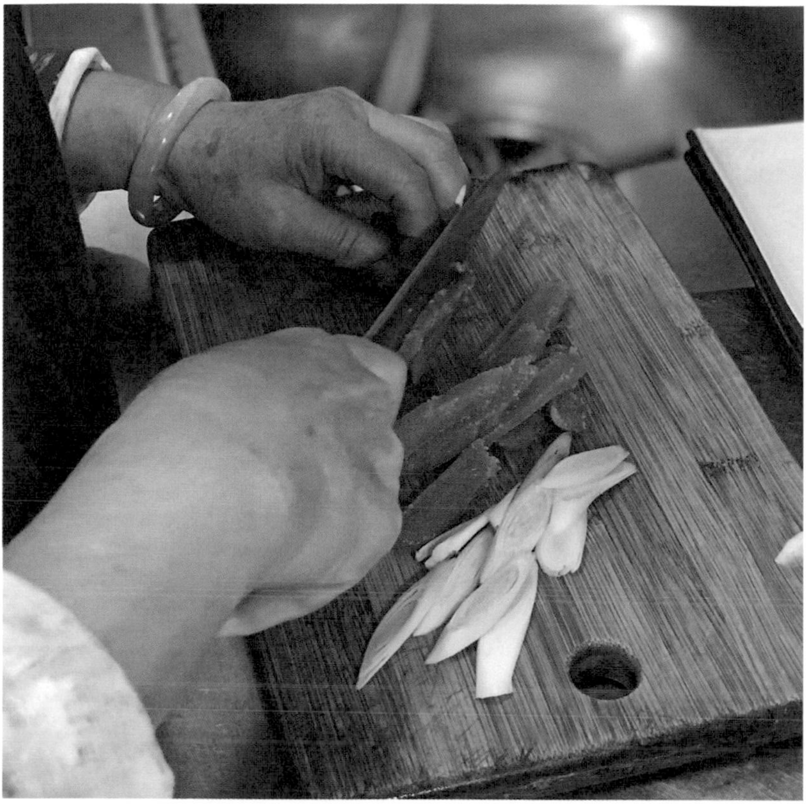

RECIPE

烏魚子義大利麵

烏魚子除了傳統台灣過年時切成薄片配上白蘿蔔和青蒜的吃法，我覺得它和義大利麵搭配也十分順口。烏魚子的口感和特殊的味道，讓它在料理中的角色有點類似日本的明太子，在義大利也有類似的魚子義大利麵。不管哪一國料理，用它來拌麵，我都覺得它們帶點奢華的感受。以正宗台灣出產的烏魚子，先以酒醃沒（米酒、高粱酒、清酒，琴酒都可）靜置；蒜片先以橄欖油炸過撈出，再加入辣椒片爆香，這時候的油已經揉合了辣椒和蒜片的香味。再將油鍋中加入煮好的義大利麵和拌入一小匙煮麵水，最後磨上碎烏魚子，加入切細的蔥白，灑上胡椒。拌炒出來的烏魚子義大利麵，有一種非常特殊的、我喜歡的台灣義大利味。

第十二章

蔥油拌麵

每個上海女人都是一碟白淨卻暗藏玄機的蔥油拌麵。

那天，是個任誰都會同意超級適合發懶的日子。上海曬著冬天的暖陽，我抓起了運動褲，穿著已經二十四小時沒換過的運動上衣，套上了球鞋，爬出門，前往咖啡廳，慶祝我毫無罪惡感的懶散週末。不過世界總是這樣，在你防不勝防時殘忍地揮你一刀；當你一心以為能自有格調歡快地進行著悠閒的慢生活，卻沒有意識到，一抬頭，十呎外的世界，女人們已經在不同的戰場上演著你完全跟不上的劇碼。

「我覺得妳應該把感情收斂一點。」她溫柔而堅定的聲音傳入耳中，我一驚地把頭從書中抬起，一度以為她是在對我說話。我把眼角飄向左手邊五十公分處，坐著兩位長髮飄逸的年輕女孩。唇紅齒白的兩位少女，一位淚眼汪汪，另一位眼神銳利，同樣都妝髮得宜（為什麼週末還要化妝呢？），同樣都瘦到不行。白皙的手指正玩弄著杯上的吸管，音調高到讓人無法迴避。「妳個性天生就愛對人好，但我覺得妳有必要把對他的感情收回來。聽著，不能放感情哪！」女一眼神堅定，正對著她的朋友女二諄諄教誨著。我不禁想把頭轉向女二，這樣「個性天生就愛對人好的女孩」究竟能把感情收到什麼程度，我也不禁好奇了起來。女二低著頭，長髮塞在耳後，露出她線條精美皮膚緊緻的脖子，嬌柔又淚眼汪汪地說：「但我男朋友是這樣的……」她愈說愈小聲替自己辯解。我轉頭又望向女一，她白皙又青春的臉，細細的眼角卻藏不住惡狠狠的殺氣；她輕輕地甩了一下頭，撥了長髮，伶俐堅定的口吻讓我感覺如果她現在坐上淘寶直播間不管賣什麼我可能都會立刻下單。「不行！妳這樣他絕對會吃定妳的！我告訴你，男人不能寵，要讓他知道哪一天妳沒有他也無所謂！我告訴你，妳接下來要……」她們說到一半，望了我一眼，然後壓低了聲音彷彿深怕我偷學了她們傾畢生之力研究出來的偉大練功祕笈。我低下頭假裝盯著手中的書，內心壓抑著想要拜師學藝的旁聽生好奇心情。

上海灘是女人們的一級戰區。這個戰場一路從服裝打扮、言語口調、膚質化妝、蔓延到體脂肪馬甲線、指甲的顏色、下巴的高度，最後到工作升遷、感情發展和對象的選擇。每一個戰場都是高手天下，每個戰場都是你死我活。我感覺如果沒有十年寒窗苦讀以及時時刻刻準備好赴戰場的心和體力，真的別想和上海女人一較高下。

身邊的朋友常語重心長遍體鱗傷地告誡，如果在上海想要談戀愛，頭號的危險對手就是上海女人。她們多半皮膚白皙唇紅齒皓，愛情在她們的心中是一場遊戲。女人和女人競爭，女人也和男人競爭。用的是她們的百般柔情下卻藏不住的女性自信，在男人面前絕不容許自己吃虧。她們哭起來細長的眼流出來溫柔的淚，任誰都能被軟化；而她們意志堅定起來的眼神卻在告訴你，即使黃埔江被淹沒了她也會站在上海灘穿著極細的高跟鞋，飄著長髮等著跟你決鬥。這樣堅毅又柔情的可愛上海女人，連我都會愛上。但在愛情中我自認絕對不是上海女人的對手，即早閃避才是上策。

我低頭看著自己身上邋遢的運動褲和球鞋，默默地換到了另一個座位；心不甘情不願地放棄了上海灘愛情大陰謀的旁聽課程，退出戰場回到自己書中的小宇宙。

「哎～原來我有你的電話呢，呵呵呵！」我又驚訝地抬頭，她正以高八度的聲音，在我身邊坐下。週六的正午，她的妝容完美無缺（喔！所以週末外出還是要化妝的）；白皙姣好的臉，襯著顏色正好的紅唇。招牌式的好人家女孩大波浪捲長髮整齊地掛在肩上。緊身牛仔褲，極細的高跟鞋上閃著珍珠，身上穿著一件時髦的細肩帶上衣，在皮毛大衣下不經意露出她雪白的肩膀。我不知道上海八度的冬天，她怎麼還能夠穿著細肩帶上衣露出雪白的臂膀，人家中醫師說寒氣會從背部進來，我想她可能也根本不在意吧（但她那麼年輕，又要在意什麼呢？）。

「啪！」那只沉重的古馳包，就這樣被她率性地扔在桌上，繼續用普通話夾著上海話和英文單詞，高八度地讓我不由自主的也加入她的對話。

「唉，我告訴你，這樣的case我一小時收費五百美金的！」（我心裡立刻盤算一下我有沒有一小時賺五百美金……）

「他就是那樣的創投公司啊！等上市後我再來和對方好好談談，我告訴你必須找 lawyer！」（喔……是個事業女強人）

「Anyway 這樣的 case 我一般……，你說對不啦！」

我很想知道這樣的 Case 她究竟要和對方談到什麼價錢，但中間那一長串變成是我聽不懂的上海話。上海女人講起上海話有一種像是音軌高八度快轉的神奇魔力，不管有沒道理的事，以上海話用女性的聲音高八度快速前進，雖然聽不懂但不知怎麼的就會想對她點頭稱是，讓人充滿敬意。

金錢是上海女人的第二戰場。會這麼說是打從心裡帶著崇高的敬意。上海女人有絕佳的金錢天賦，在投資與金錢計算上，絕對不會因為自己是女人，而把金錢的大權交給男人。

上海的女人，每個人都是投資風險的計算專家，她們聰明地了解金錢的用處，她們懂得保護自己。在工作上，在愛情上，在人生上，她們腦中總有一個試算表，計算著投資報酬和風險；在人生的談判桌上，該進場的時候毫不手軟，該收手的時候不會猶豫。這就是我身邊的上海女人啊！她們總是聰明的自信面對各種狀況，就算再糟的時候，她也能口袋裝滿錢，笑著不依賴男人來過活。

有天我在吃著蔥油拌麵時，突然有這樣的領悟。上海女人像是一碗碗深奧的蔥油拌麵。蔥油拌麵，細白麵條，疊好整齊地放在碗裡，就像那些好看極了的上海大家閨秀，皮膚白皙，穿戴整齊，輕聲細語，舉止合宜。然而正當你以為這一碗清湯掛麵，冷不防發現細白整齊的麵條下，卻暗藏著玄機。一經翻攪，深褐色的蔥油香，尖銳卻充滿層次，吃一口，拌著蔥油的麵條勁道十足，而蔥和油的香味卻能嗆到你無法忘記它的味道。蔥油拌麵雖然是上海簡單的家常麵，每一碗卻不盡相同，每一碗都大不簡單。

每次吃蔥油拌麵，心中都為這樣表裡不一而深奧的麵感到崇敬，讓我想起身邊那些許多個性不同、年齡不同卻各有強烈特色可愛的上海女人們。她們總是打扮精緻，不吝嗇也不怠惰地把自己最好的那一面呈現在別人面前。她們不會讓人一眼看穿，而每一次的接觸卻又在她們身上發現不同的驚喜。被欺負的時候用力還擊；受寵愛時又毫不掩飾自己的嬌媚；不耍酷，卻很酷。上海女人是我可愛的朋友，也是我可敬的對手；她們的存在總在提醒著我們，身為女人不能卑微，卻也沒必要強迫自己以男人的方式，來成為人生的贏家。

後來，那天的週六下午，在經過了完全沒有防備的上海灘戰場洗禮，我素顏穿著我的運動服，默默地走回家。一路上心驚膽顫，百感交集。生活在上海這個一集戰區，究竟是該磨刀霍霍準備隨時攻堅，還是胸有成竹輕鬆旁觀。這女人的戰場，究竟要上還是要退？我不知道。不過回家的路上，我倒是吃了一碗蔥油拌麵。

RECIPE

蔥油拌麵

曾經有人寫過蔥油拌麵的食譜，說到蔥油拌麵的作法，就是做到連髮絲裡都有蔥的味道時，好吃的蔥油就完成了。看了之後我驚慌地倒退三步，原來上海家家戶戶自己熬蔥油，背後有這麼多的付出和學問。

蔥油的製法每家多少都有不同，但關鍵步驟就是以小火熬製切好的蔥段，講究一點的人會再加入洋蔥提升甜味，大概要花上十幾到二十分鐘後才能熬出香味撲鼻的蔥油（這個時候，妝也花了，頭髮也上了蔥的味道，廚房也是蔥味四溢，門要關好啊）。熬好的蔥油放入密封罐中，放冷，就成了家中常備的好配料。吃的時候下好麵條，在碗中放入生抽和老抽醬油提升層次，最後淋上蔥油，就成了一道道地的上海蔥油拌麵。

第十三章

銀座媽媽桑

女孩們，像威士忌般熟成吧！

菊子女士一進門，空氣中有那麼一瞬間被凝結了。七十幾歲的她，穿著雅緻的和服，妝容細緻得體，髮髻梳得完美，抬著頭、挺著胸以小碎步走著，身上還有一絲淡淡的香味。像黑道大哥出巡般，眾人紛紛點頭示意敬禮。在東京銀座的無名巷子一個擁擠狹小毫不起眼的日本串燒店裡，我和好友咪咪正一手拿著啤酒另一手抓著烤雞翅，以完全不優雅也絕對不含蓄的姿態大肆享受我們的女子東京夜。這時，菊子女士就在我身邊坐了下來。

我無法克制自己地轉頭望著她，是的！我遇見傳說中的銀座媽媽桑了。

我用手肘輕推著坐在身旁的咪咪，一向喜歡光怪陸離的事的她，眼中露出了興奮的光芒。串燒店真的是一個很神奇的地方，一座小小的吧台，好好地坐著一排人。不管你是什麼職業、什麼身分地位、什麼年紀，有著什麼樣截然不同的人生，都得排排坐，相同地舉著啤酒，相同地等待著一串串烤得香脆多汁的串燒送到面前；先來後到，眾生平等。此刻的吧台前坐了兩位衣著邋遢的台灣熟女（就是我們），而和我們併肩坐著，一同伸長脖子聞著炭火香、等著烤串燒的，是一位銀座媽媽桑。

小時候剛入廣告這行時讀過一本書，之後它被我奉為珍寶。很抱歉那本書並不叫做《奧格威談廣告》或者《科特勒行銷學》，它說起來挺俗氣卻有個非常實用並引人入勝的名字，叫《銀座媽媽桑說話術》。銀座媽媽桑們生長在東京一級戰區，走過的路和看過的人，比我喝過的啤酒還多。她們練就了一身功夫，能在幾秒間就與人交談，能在幾句話後就洞悉人性；她們看透了每張面具後的慾望，能針對不同的對象說出恰當好處的話。

銀座媽媽桑是眾多寂寞有錢的日本上班族在下班後的知己，她們身經百戰，是東京壓力的集體心理醫師。當時的我，還是個天性害羞不愛與陌生人交談的年輕女孩，一心想成為那種識人如鷹、說話得體，並能在三分鐘拿下客戶的廣告AE。

如果不跟銀座媽媽桑學說話術，那還能跟誰學。

然而祖師爺媽媽桑本人現在就坐在我身邊。不知道為什麼我被這強大的氣場震懾地緊張起來了。我們放下手中的筷子，像極了因為服裝禮儀不得體，遇到教官很怕被抓去罰站的兩名高中女生；我們低聲細語交談，不敢驚擾了媽媽桑。「喂！那個你不吃嗎？」一個渾厚的日式英語從我耳邊傳來，我嚇得背脊坐直，轉頭看著媽媽桑。「年輕人不能浪費食物。」媽媽桑的聲音有一種無法令人拒絕的威嚴，我們立刻把盤子中早已冷掉打算不吃的食物，慌亂地送到嘴裡嚥下。

接著她捧起和服上的袖子，揮一揮手朝著吧台說了幾句，廚師們大聲恭敬地點頭，四十五度鞠躬把兩杯冰涼的清酒送到我們面前。「媽媽桑招待的！」我恭敬地捧起雙手鞠躬說：「嗨！」三人一飲而盡。

就這樣，我被媽媽桑搭訕了。

所謂薑還是老得辣。菊子女士用非常基本的英語加上她渾身充滿故事的幽默談吐，把我們逗得樂不可支。啊！原來銀座媽媽桑說話術是這樣的；當你沒有防備時，已經將對方變成你的朋友了。

「嘿！我有一間自己的酒吧，我請妳們去吧！」當我還來不及反應時，發現我們兩人已經跟隨著菊子女士穿著日式拖鞋輕盈卻有力的腳步，隨著她擺動的和服，前往我們自己也不知道的目的地。

在穿過了諸多奇怪隱祕又錯綜複雜的銀座大樓間，我們終於來到了一個門前。菊子女士輕輕推開門，我的眼睛還來不及適應裡頭黑暗的燈光，就進入了大門後這種高端會員制的銀座酒吧，像是充滿走到了聖地般的神祕。菊子女士的女兒是俱樂部的女將，看著我們被她母親唐突地帶到了現場，好氣又好笑地不斷對我們鞠躬道歉，指責著這位行事過於隨意的媽媽桑又闖禍了。菊子女士向店裡慎重地介紹著我們兩位，是今晚的客人。

昏暗又恰到好處的燈光，輕柔又輕鬆的音樂，現場三、四個桌子各坐著不同年紀的男性社長，每個桌子坐著一到二位身穿禮服的年輕小姐。大家都充滿笑容禮貌熱烈的歡迎我們，因為我們是媽媽桑（半路搭上）的客人，氣氛因此熱烈了起來。我看著這畫面實在太滑稽有趣了，忍不住大笑了起來。

今晚，我們究竟是來陪酒的小姐（可是我們早就人老珠黃了）？還是來飲酒的客人（但我們不是男社長啊）？

在黑暗中一位年輕白皙面容姣好的女孩，目光如炬地露出了標準的禮貌性微笑，冷冷地看著我。她恭敬地拿著熱毛巾將我的手提起，像是在執行標準程序般，溫柔地擦著我的手。「你好，我是知佳。」她的手白嫩細膩，指尖卻傳出冰冷的妒意。也是，今晚不速之客的我，搶了她本是全桌唯一女性的焦點，是我，破壞了她的夜晚。

我們立刻被社長奉為上賓。大家對今晚這兩位衣著隨性、年齡不詳、職業不詳的台灣女性，雖然看似年輕（我是說看似哪！）卻進退應對自若，感覺新鮮有趣。社長熱情地談著他的生意經，他旅行過的地方，好奇地問我中國台灣的經濟發展，他用很破的英語，我用很破的日語，居然也甚是談得來。

好像是找到了知己的社長，拿起了一瓶威士忌，對著知佳，示意讓她來替我斟上。我瞄了一眼社長手中的那瓶威士忌，十八年份的伯摩Bowmore，是來自艾雷島古老的威士忌。煙燻泥煤味，很適合這種性情中人的社長。我想起了村上春樹曾經這樣寫過，伯摩威士忌一直以來不管時代的變遷，仍採用著古老而豐富的釀造手法；喝著這樣的單一麥芽威士忌，還能感受到人手的溫暖，像極了在放著舒伯特長篇室內樂的溫暖火爐前，靜靜的讀著一封古老而令人懷念的書信，安靜而優雅。社長眼中露出了被人了解的安慰感，把杯子舉到我面前，一直插不上嘴的知佳，心不甘情不願地替我斟了一杯酒。我明白了，不管是誰，人的心中都需要一個銀座媽媽桑，在壓力和寂寞的道路上，不被批判地大方尋求一些被了解的安慰。事後我才意識到，在當時，不知不覺我也啟動了這些年來在行業中訓練的本領，傾聽識人，切入話題而又謹守分寸。

幾分醉意的社長還在微醺暢快的笑著，我的心思和目光卻落在了知佳小姐冰冷的手以及她手中不情不願的那瓶威士忌。年輕的女孩們如她，可能不適合威士忌吧！而她花樣的年華，該喝的是色彩繽紛的調酒。她美麗，她年輕，她妒忌，她想成為主角。

但是啊！知佳，妳還年輕，妳還有妒忌，妳野心勃勃，好想把別人比較去，好成為別人眼光中唯一的星。可是啊，接下來妳會經歷很多年所謂熟成的人生，妳會經歷喜悅，也必定會經歷各種挫敗和痛苦；妳會從主角換成配角又或許再成為主角。然後妳才會明白許多事情到最後，最美麗的是時間，最動人的是人生不管好的壞的經歷在妳眼角上刻下的細紋。然後因此妳擁有了所謂的層次，妳能笑看任何場合，如如不動；不須扮演誰，因為知道你是自己的主角。

像威士忌般，等待著熟成吧。琥珀色的液體擁有著專屬於它生長地方的獨特個性，吸取了海風結束了釀造程序後，只有靜默的等待。等待熟成，等待它變成煙燻或泥煤味，等待著沒有被結婚小孩家庭事業消蝕的自我個性，而沉澱成豐富的層次，慢慢地驕傲地熟成。等待著一個懂得這味道背後的時間淬鍊，靜靜品嚐的人生。

威士忌的味道，只有熟成的人生才懂得珍惜。我想要像威士忌般的金黃色人生，無論風雨無論環境的考驗，都還能像媽媽桑一樣，抬起頭挺著胸看著來往的人，為對方斟上一杯威士忌，拍拍肩繼續向前。知佳小姐，我想有一天妳會懂的。

也許我和咪咪表現太良好了，以致於現場的氣氛達到高潮。原來我們多年以來用青春莫名練成的媽媽桑說話術，已經不知不覺內化成為我們的一部分。走出銀座，回想這一晚，我和咪咪一路笑到彎了腰。這一晚不小心「坐了檯」，才發現多年來我們早已熟成了自己一直想成為的女人。我又想起知佳小姐她冰冷的手以及充滿妒意的眼神，在深夜的銀座天空中，成為一顆星。

BOOK

《如果我們的語言是威士忌》村上春樹（時報出版）

也許是已經成為了熟女的階段，比起村上春樹早期的小說作品，我更喜歡近年來他的旅行和生活隨筆。這本描寫蘇格蘭威士忌旅行札記的小書《如果我們的語言是威士忌》，薄薄的一本，被我放在客廳的案頭，每次喝著威士忌時都隨手翻著幾頁，心喜著村上先生居然能用如此恰當好處的筆調，用他一貫輕鬆的語氣，描寫著充滿深厚學問的威士忌，觀察著旅途中遇見的喝著威士忌的人。

「老人手拿起威士忌，安靜地送入口中，沒有用水對淡，喝過後也沒有拿起Chaser。店裡雖然非常熱鬧，但他幾乎毫不在意……存在那裡的，只有他，和他杯中的威士忌而已。」

村上先生這樣寫著的同時，我都會幻想，如果有一天在威士忌酒吧裡不期而遇，他會是怎麼寫我的？

第十四章

斷捨離

人的一生究竟需要多少物品？這是一個非常哲學性的問題。

因為工作的需求，我搬過許多次家。每一次搬家，望著滿屋子過多的物品，那些早就不再穿的衣服，雙十一因為貪便宜而買（根本沒用過）的廚具，覺得總有一天會看的書，珍藏多年但早就發黃的卡片。諸如此類的東西愈堆愈多，一心想要清理，卻想著：「哪天要用到它們時，它們就會在那裡。」這樣莫名的偽安全感。「這些都是我需要的。」我常信誓旦旦地這麼說，其實心裡有些小小的心虛。

兩年前的夏天，我和公司請了一個五個月的無薪假，拎了一只行李箱，帥氣地流浪去。因為抱著「誰知道接下來會怎樣」的心情，硬是把上海的公寓退租，將家裡全部的家當和過去十年來從台北搬到北京，再從北京搬到上海累積的所有家具、書、衣服、包和電器等等，全部打包，裝了七十多箱，放進短租倉庫而率性離開了上海。用一只行李箱環遊世界五個月，我得意地覺得這是種非常浪漫的行為。行李箱裡有一雙夾腳拖鞋，一雙球鞋，兩件小洋裝，三件T恤，一件棉質運動外套，一件輕薄羊毛衫，一把旅行用的吹風機，一小罐洗衣精和基本的盥洗用具，這些就是接下來五個月我將擁有的一生。臨行前我只帶著那只和我相依為命的行李箱，抱著陽台上唯一還活著的杜鵑花，將它拖孤給鄰居，就這樣率性地去環遊世界。

終於，旅行也有到盡頭的一天，那只伴我雲遊四海的行李箱也有彈盡援絕的時刻。五個月後我認命地回到上海，準備再為大中國經濟和我自己的銀行存款做出一點點貢獻。就這樣我用最快的速度租了一個新公寓。搬新家的那天，面對陌生的環境，一心想快點把那七十幾箱的家當送回，將它們回歸到我的日常，好讓生活重新步入軌道。

我打了電話給倉庫管理人，請對方把東西送回。對方接起電話支支吾吾了幾次，無法告訴我一個明確的時間。終於在我失去耐心再三催促的那一天，我接到了電話：「蘇小姐，唔……那個，是這樣，我們倉庫失火了，所以，大部分的東西沒有了。」我愣了五秒，不太確定自己究竟聽到了什麼。「你說沒有是什麼意思？」「就是，東西都燒毀了，唉！您這還算是幸運的，七十箱我們有找到十六箱；但像那些大使館寄放的名畫以及古董紅木傢俱什麼的，全部都沒有了呢……也不知道怎麼賠償，所以您這個家用品真的算是小損失了。」

「……」

當下真不知道該說什麼。一個人在異鄉生活十幾年的所有物品，那些物品的回憶以及背後的感情，與大使館名畫和古董紅木傢俱比起來究竟誰比較珍貴，誰損失比較大，我不知道。開什麼玩笑！！！那些家人朋友寫給我的卡片，去世界旅行時搜集的餐具，有那些所費不貲陪我一起征戰沙場的包，鞋，衣服，那些陪了我多年充滿了家的味道的鍋碗瓢盆，哪有說沒有就沒有的！

我掛了電話，坐在全新的公寓裡。空無一物的客廳裡，那只跟了我五個月的行李箱，現在變成我一生的全部家當。情緒從驚訝慌張漸漸轉到憤怒。然而就在這時候，我突然感到後腦勺像是被誰用力擊了一下，頭頂發熱。「咦！？我這不是被強迫斷捨離了嗎？」看著空盪的客廳，一種如得到神啟般幽默的哲學意涵在我心中升起，愈想愈得意，愈想愈有趣，我甚至因此在客廳裡一個人哈哈大笑了出來。我想起身邊的人終其一生都在為究竟要清掉多少物品，斷捨離掉多少愛恨情愁，以及控制自己不要再買東西這件事上搞得精疲力竭。然而老天爺就是選中了我，二話不說的「咻～」把它們全都變不見了。「不要再想扔什麼留什麼了，反正，全部扔掉就沒事了喔！」我感覺上帝或神或菩薩，在我發熱的頭頂上，意喻深遠地這麼對我說。「對對對！沒錯！」我連連點頭著稱是。

我把這個神啟興奮地告訴了我的朋友們。他們搖著頭嘆著氣無法相信為什麼到這種時候我不是忙著計算損失找律師提出告訴，卻還信誓旦旦地覺得自己得到了神啟。我卻對這種突來而發的人生事故，感到像是中樂透一樣令人興奮。

神啟接著又進入了第二篇章。我像是去廟裡抽籤後等待廟祝解籤的心情，期待又怕傷害地想知道失去的七十箱物品中，老天爺究竟選中哪十六箱，究竟裡面是什麼樣的物品，決定讓我的人生繼續擁用它？我在空盪的全新公寓裡，等待著第一個神喻向我按鈴。

門鈴一響，打開門迎面而來的是好友妮可為了慶祝我搬來上海，親手為我縫製的古布沙發。「哈！這才是真正不可取代的東西。」我忍不住笑了起來。看著古布沙發上女孩的笑臉進駐了我的新公寓，家裡立刻恢復了熟悉感，頓時心裡感到踏實安心。我想，老天爺要告訴我的就是這個，不管發生什麼事，真誠的友情能夠以某種無以取代的方式，帶給你臨危不亂的信心。

接下來打開的，是幾箱這幾年陪我搬了好多公寓，陪我一起燒了好幾餐飯的鐵鑄鍋。那些大小不一顏色不一的鐵鑄鍋，鍋底集結了因為燒了某餐飯不小心烙印上的焦痕，象徵了那些屬於自己歲月裡，從一道道菜上找回的勇氣和信心，並沒有因為火災而讓它們離開我。「好棒啊！謝謝你老天爺，我明白了。」

但是接下來幾箱我就十分不明白了。好幾個大大小小、過多、過於重覆也沒必要存在的……洗菜濾水盆，總共有十個吧！為什麼一個家需要十個濾水盆？我也不知道。那些早已發黃並在大賣場撿便宜買回來的濾水盆，那些每次搬家都想要丟掉卻又覺得丟了太可惜的濾水盆，你為什麼又陰魂不散地回來了？別開玩笑了！七十箱分之十六箱，這是多麼珍惜的比例，而現在你就占掉我二個份額，究竟是為什麼？我又氣又好笑，懊悔著當初在打包時為什麼不就把它們扔了？冥冥中老天爺好像也在說：「你看吧！一直想處理卻又不處理掉的東西，它就是一輩子又會回來找你……」（嗯！我知道了。）

後來朋友問究竟我掉了什麼，那七十箱裡究竟有什麼？心疼著沒有了什麼東西？老實說，我還真想不起來。

一直以來總覺得自己擁有很多東西，把自己的心和生活依賴在很多物品的堆疊上，但實際上它們通通不見時，才發現沒有任何一個東西是不可取代，也沒有任何一個東西是非得取代不可。心愛的名牌包包，如果過去五個月以來我完全沒有任何一刻覺得自己需要或想念它們，那麼真的是失去了也無所謂。衣服，鞋，全都沒有了，不是一個好時機去思考自己究竟喜歡什麼？適合什麼？那些打折買的好多件廉價毛衣，還不如珍藏多年的一件輕薄羊毛衫來得珍貴（否則我也不會堅持把它帶著去流浪，不是嗎？）。那些旅行中搜集來的明信片和紀念品呢？那些充滿著回憶的物品真的是不可取代嗎？事後想起來，其實真正的回憶已經烙在心裡，在惱海裡，根本不需要透過物品這樣的介質來證實：「嘿！我去過那些地方喔！」就像現在，為自己寫下這些故事的我，根本不需要過去的什麼物品來證實自己真正生活過，真正經歷過。

所以到頭來，你根本不需要依賴過多的物質，來證明自己些什麼。

後來從那把火開始，如遇到神喻般的啟示，不但讓我在物質上，也讓整個心都斷捨離了。現在的我喜歡家裡清清爽爽的，只留下自己真正喜愛的物品。衣櫥裡沒有「說不定哪一天可以捐出去」的東西，朋友圈只存在真正想說話的人，旅行時只帶上最基本的物品，心底只放下真正想記住的事。

「應無所住而生其心。」我想起金剛經裡的一段話。然後告訴自己，要用這樣清爽乾淨的心，在每一天的日子裡，繼續率性優雅地走下去。

RECIPE

鐵鑄鍋，一輩子只要這一個鍋子

我對鐵鑄鍋的熱愛，已經超越了各種廚具。自從剛搬去北京的那一年好友送給我人生第一個 Le Creuset 之後，我就深深愛上了這種讓人一深陷就再也無法回頭的東西。自此，它們跟著我好多年，換了不同城市，搬進不同的公寓。我甚至偏執的認為，沒有鐵鑄鍋的廚房就不算是一個真正的廚房。我喜歡它是因為它是一個特別有個性的鍋子，而且，愈舊愈好。因為這種鍋子是要「養」的。養到它沾了你食物的氣息，養到它在表面上注入了一個作飯的人在歲月的廚房上用心烹飪的鐵證。它愈是經常使用，愈是光亮，像一個忠誠一生伴著主人的漢子，對主人總有一種相知相惜的感覺。你怎麼待它，它就怎麼回報你；每次拿出一只精亮的鍋子，都感覺到自己在烹飪上的勳章。

我用鐵鑄鍋燉湯，先在鍋底加入橄欖油並把材料放入翻炒後入高湯，就能成為一鍋香濃又保留鮮味的燉湯。我同時也用同一只鍋煮米飯（因此而省略了再買一個電飯鍋的麻煩和空間），鐵鑄鍋煮出來的飯粒粒飽滿晶瑩剔透，水和溫度控制得宜還能有我喜歡的鍋巴。我還用同一只鐵鑄鍋烤麵包，麵粉、水與酵母和好，發酵完成後把麵團放入鐵鑄鍋送入烤箱，四十分鐘後就有熱騰騰還冒著蒸氣的手工麵包，同時，烤麵包的香氣也讓家裡充滿幸福感。

所以，當見證了我多年日常三餐歲月的那只鐵鑄鍋又回到我身邊時，我真真切切的感受到，這世界上真的有神明，默默地看著你，回應你所願。

第十五章

答案就在呼吸裡

來到峇里島之前，我並不知道自己會經歷什麼。

曾經因為一個非常幼稚的約定，有連續五年我們一群好友只要遇上了公司旅遊，必須選擇去峇里島，沒有人可以違反約定。那時年輕的體力和峇里島的陽光一樣充沛，不同主題的池畔啤酒派對讓我們每天以宿醉開始並以熬夜結束，那種揮霍體力和青春的行程，一度成為我心目中峇里島的代名詞。然而就在第六年，某個早晨七點，在峇里島醒來聽著鳥叫盯著天花板卻再也睡不著時，心裡的衝動不是跑到泳池邊打開汽泡酒對著陽光發呆，而是突然想要好好地，精準確實地，做幾個瑜伽拜日式。那一刻，我知道自己的人生已經進入另一個階段了。

於是那之後的某一天，我上網找了一個瑜伽中心，背起了包包，就這樣移居到峇里島住了一個月。好吧！必須承認當時的我目標非常膚淺，一個月之內我要曬成一身古銅，帶著積極無比正面的心加上緊實的手臂和平坦的小腹以及讓人讚嘆的高難度瑜伽動作，回來重新做人。

烏布是一個平靜的地方。相較於峇里島海岸邊的嘻鬧，來到這裡的遊客或長期居住的人們，似乎都帶著一股仙氣。瑜伽中心裡樹木參天，走在蜿蜒的小路上聽著鳥叫聲，以及從不同的教室裡傳來的唱頌聲，感覺像進入了另一個世界。圍著山坡建造的房舍，中間有個小小的露天咖啡館。幾張木頭的桌子，面對著一望無際的山谷和芭蕉樹。咖啡館裡充滿著那些曬成古銅色留著長髮身上有著宗教圖騰刺青的人們。他們靜靜的盤腿坐著看書，或交談。我對於自己即將加入他們成為同一群很「酷」的瑜伽士行列，感到興奮不已。

第一次見到我的瑜伽老師，是位年輕的印度小伙子阿敏。阿敏老師年輕帥氣，精實的身形和輕快的腳步中帶著一股瑜伽士特有的平靜。從他手上拿到課表時，我的手心興奮地冒著汗。「這是課表，你看看自己適合什麼。」阿敏說著一口標準美國口音的英語。他在紐約華爾街工作了許多年，就是那種我們在電影中常見到的超級精英分子。然而某天他突然決定辭掉工作來到峇里島成為一名瑜伽老師。我驚訝地問他，身為一名華爾街精英分子意謂著即將擁有財富以及眾人羨慕的名利，怎麼他就這樣放棄了。「我想念腳踩在地上的感覺。」他意喻深遠地對我說。當時的我，沒想要什麼腳踩在地上的感覺，一心只想用最快的速度學習各種高難度的瑜伽體式。

我拿著課表，學霸魂開始燃燒。哈達瑜伽，熱瑜伽，空中瑜伽，流瑜伽，我拿著筆做註記，把每天的課程排得滿滿的。上午我在四十度的高溫汗流浹背做著下犬式，下午我又爬上繩子吊在半空中飛來飛去。每天都盯著課表，規劃著各種行程，貪婪的希望自己能在短時間內就練就頭倒立的招式，向我的鄉親父老們好好炫耀一番。

這樣一直到了第六天，因為急著要趕上各種課程我在山路間摔了個狗吃屎；接著又在教室裡因為心急想要在空中倒立而被瑜伽布纏著動彈不得。說好的結實手臂完全沒有，全身四處嚴重的淤青倒是一個也沒少。我看著身邊那些走路輕快身形矯健的瑜伽士們，感到無比沮喪。一直以來自己相信只要不斷地超級努力就能把事情做好，這件事在這裡似乎行不通。

「嘿！你第一件要學習的事，是放鬆。」阿敏突然在我身前坐了下來。「學習怎麼放鬆，反而是一件很難的事，不是嗎？」他年輕的眼裡，有一種過來人的睿智光芒。「你知道怎麼呼吸嗎？」阿敏盤起腿，一手端著咖啡問我。呼吸？人不是每天都在呼吸嗎？它不是已經成為我們的自我反射動作了嗎？我不明白這樣的事為什麼需要學習。「呼吸就是控制，如果能駕馭自己呼吸的節奏，你就能控制自己的情緒。」他說話時像個仙人般氣定神閒不急不徐，讓我不禁想要低下頭看看桌子底下盤著的腿，是否已經飄在空中。

留著滿臉大鬍子包著頭巾的印度籍大師本努，將成為我人生中第一位「呼吸老師」。我看著現場圍繞成一圈而坐的人們，大約有三十多個。每個人都來自不同國家，有男有女。歐洲、華人、美國、印度、中東；白皮膚、黃皮膚、黑皮膚；年輕的、中年的、老年的；有人看起來是個標準的觀光客，有人看起來是個長期靈修的嬉皮。而我的左手邊坐了一位滿頭白髮的荷蘭籍退休老太太，右手邊坐著一個看不出國籍的年輕女孩，皮膚黝黑，戴著鼻環，全身刺青，頭髮染成灰白，像極了盧貝松電影裡的不良少女。如果在現實生活中，看到她我可能會避之為恐不及。但是今天我們卻要一起坐在這裡，一起「呼吸」，這是一種很奇特的感覺。

本努大師說，接下來的四十分鐘我們什麼都不做，就是呼氣和吐氣。大師要我們每個人手牽著手，屋內的人只好尷尬地和坐在身邊的陌生人牽起了手。我左手牽著荷蘭老奶奶，右手握著國籍不明的不良少女，我們這三個現實生活裡怎樣想都不會湊在一起的人，現在卻莫名其妙地緊密的結合在一起，那時，我真的很想逃走。本努大師瞅著眼看著教室裡的我們，語帶玄機地又說，「現在想要逃走已經來不得及了喔。」的確，雙手被牽住了，想逃也太晚了。我一一看著房間裡的每一個人，這麼多不同的人，卻為了一個相同的目的群聚在這裡；每個人每分鐘都在呼吸，但每個人又都不知道怎麼呼吸，每個不安的臉上，都好像在尋找什麼答案。我感覺自己像是坐上了目的不詳的雲霄飛車，不知道接下來會衝去哪裡。

我們隨著本努大師的節奏和指令開始一吸，一吐，一吸，一吐。這不是一個輕鬆的動作，要把氣短時間內吸進並吐出，配合腹部和鼻子的力量。聽起來很簡單，但持續四十分鐘不斷間地這麼做，是需要強大的身體力量和精神意志。我們隨著老師的節奏，呼吸愈來愈深，節奏愈來愈快。我感到陣陣暈眩，開始聽到群裡有人發出各種聲音，或哭，或大叫，或狂笑。我感到我左手邊的荷蘭老太太握著我的手，感覺到皺紋的手愈握愈緊，手心出汗，我也緊緊的握著她；我接著聽到右手邊的不良少女握著我的手放聲大哭。我心裡極度害怕驚恐，我不是只是來「呼吸」的嗎？！

我感到房間裡聚集的能量也愈來愈強大；來自每個人身體深處隱藏多年的情緒，或悲傷，或憤怒，或狂喜，或愉悅，在一吸一吐之間，在身體的深處被掏出，被釋放，被臣服了。

事後我睜開了眼，烏布的陽光從大片大片的落地窗照進來，陽光反射下屋子裡的每一個人的臉，似乎都熱淚盈眶，看著完全不認識的彼此，微笑著，像似一起經歷了什麼神聖的宗教洗禮。然而我們其實什麼也沒有做，只是專心的，一起呼吸而已。原來只是呼吸，就可以達到這麼大的力量。原來只是看著自己的呼吸，才明白自己每天汲汲營營向外尋找慰藉，向家人朋友愛人要著回饋，而卻忘了反觀自己，答案其實就在你自己身體裡，在一吸一吐之間，等著被凝視，被傾聽。

走出瑜伽教室，我像個重新活過來的人一般，看著好像從來沒見過的綠色芭蕉樹，曬著好像生平第一次曬著的溫柔的陽光。我看到了仍在咖啡廳中還盤腿坐著的阿敏，想起他說的，「腳踩在地上的感覺」。

一個月後當我離開峇里島時，理所當然地，沒有得到結實的手臂和緊實的馬甲線。然而我卻滿心喜悅和寧靜，那是一種超越了肢體的靈性感受，是一種內心對自己無限溫柔的包容。其實，我只是學習了怎樣和自己的身體好好相處，我只是知道了怎樣好好呼吸而已。

RECIPE

正念飲食（Mindful Eating）

峇里島烏布，我所住的瑜伽中心裡那個附設的小咖啡廳，說起來可能不太讓人相信，居然能排上我遊遍世界各國最愛餐廳的前三名。每天早上六點半起床，做完整整九十分鐘的瑜伽課，我最期待的，是在那個有著木頭桌子被芭蕉葉和自家種植的小麥草環繞的露天餐廳，靜下來喝杯咖啡，好好吃一頓豐盛的早餐。早餐的菜單裡有新鮮的水果配上自製優格，佐上香味濃厚的雞蛋和蔬菜捲。午餐和晚餐的選擇更是精彩，以本土新鮮的食材配上創意性的手法製作的植物性飲食料理，排除任何後天的加工食品，只保留食材本身的樣貌。色彩繽紛的墨西哥蔬菜捲，以烤蔬菜裹上橄欖油、青羅勒醬，再以全麥玉米餅包覆著，在爐架上輕輕的烘烤。泰式炒飯是以藜麥和大豆為主食，淋上炒過的新鮮蔬菜和玉米脆片；還有以酪梨和豆腐脆片搭配芝麻醬汁的小零嘴，每一道都是視覺上的驚喜，每一道又是結合亞洲風味和西式料理方式的驚豔組合。雖然全是植物性飲食，我卻沒有一時一刻覺得自己被剝奪了肉食的樂趣，相反的，每一口進到嘴裡的食物，不知道為什麼，都在舌頭上變得相對鮮活和敏感。

後來我才發現，因為瑜伽中心裡的文化和作息，我已經在不覺中進行著所謂的「正念飲食」法。現代的生活因為壓力，情緒，忙碌，導致常常邊吃飯邊分心做其他事的錯亂飲食。雖然每餐吃很飽，卻事後卻完全不記得自己究竟吃了什麼，壓力和過多的食物堆積在體內，情緒和健康問題紛紛而來。「正念飲食」不是一種節食方法，而是一種吃東西的態度。安靜專心的觀看面前的食物，專心地咀嚼食物，放慢速度細細品嚐食物本身真正的味道，吃到份量剛好就停止。於是，橙子的味道更像橙子，雞蛋的味道更像雞蛋，食物更是食物，而吃飯回到它本來應有的，吃飯的樣子。一週下來，我感覺身體變得更輕，思緒變得更清晰。

「正念飲食」再次清楚地讓我體會到，一直以來都想要控制自己工作和情緒上的壓力，根本就忘了其實最重要先管理的，是自己身體內的那個小宇宙。

第十六章

主婦的祕密

西西里島真的不是只有黑手黨。

我想像中的西西里島，到處都是黑手黨們聚集在煙霧繚繞的暗巷裡，一手叼著煙、另一手在口袋裡摸著槍，商討著下一個暗殺對象。電影《教父》裡，艾爾帕西諾坐在教堂階梯前抱著被槍殺的女兒痛哭流涕；金錢利益的幫派糾葛在餐廳裡、在巷子裡和教堂外上演，男人槍殺男人，子彈飛過天空，小孩哭泣、女人無助的尖叫。那是我一直以來畫面裡的西西里島。我想，我是電影看太多了。

車子從下了高速交流道，指示牌上寫著錫拉庫薩（Syracusa），彷彿聞到了中世紀海的味道。這個由希臘人在公元前七百三十四年建立的巴洛克地中海城，立處義大利和北非的重要交通要道。二千多年以來，希臘人和阿拉伯人在這裡統治，戲劇家、詩人和物理學家在這裡用他們的智慧發揚了文明；經歷了戰亂，統治的更迭，卻仍用它至今屹立不搖的城牆，堅強的守護著這個島嶼。也就在抵達了錫拉庫薩後，我才驚覺，西西里島比我想像中更精彩、更豐富且更美麗。一直以來只想要在西西里裡尋找義大利黑手黨的我，實在太對不起它了。

電影《真愛伴我行》（Malena）中的經典畫面，道盡了一切錫拉庫薩那複雜又深刻的美。義大利女神莫妮卡貝魯奇飾演的瑪蓮娜，穿著一身黑色緊身裙腳踩著高跟鞋，在極盡眾人修辱後卻還能抬著頭一步步地走在教堂廣場前，美麗而堅定地將世俗的批判和義大利傳統價值對女人的暴力拋在腦後。後來才知道那個著名的教堂廣場就是錫拉庫薩的主座教堂，至今已經是二千五百多年的歷史。這幾千年以來，不知道這座教堂前，走過多少女人的愛慾，又走過了多少男人的情仇。

我們就坐在同樣的教堂廣場前，等待著這個叫做薇若妮卡的義大利女人。今天，她是我們的烹飪老師，而我們即將是她家中的客人。曾經有個義大利朋友告訴我，要學習最道地的義大利菜，必須找當地的老奶奶，從他們的手上學習這些家族的祕傳，那是真正的義大利味。薇若妮卡不是老奶奶，但是我相信她手中握著那些從她媽媽，以及媽媽的媽媽，傳下來的傳統西西里食譜。

薇若妮卡三十多歲，初次見到她時，我盯著她的五官直看。深刻又立體的五官，剪得非常短的黑色頭髮，輪廓分明的雙眼和長長的睫毛下，透露出一種強烈的個性，好美。她穿著皮外套牛仔褲，身上圍著的絲巾，在教堂前的微風下飄著。她話不多，甚至是十分的害羞，也有可能是因為對自己的英語沒有太多自信，每一句從她口中吐出的話，都需要三思；也或者這就是真實的她，舉手投足之間極力隱藏背後無數的心思和祕密，深怕一不小心，就洩漏了她心底的故事。

見面的時候，薇若妮卡不好意思的說：「我每天只有早上九點後到下午四點之間有空，所以我們一定要在四點前結束喔。」噢，原來如此，是位家庭主婦。只有在早上九點送走了孩子和老公後，等待他們回家的這段時間，才完全屬於她自己。

我們隨著她前往歐堤茄島（Ortigia）上的中央市場。歐堤茄島透過一條小小的橋連接著錫拉庫薩，是座千年歷史的小古城。一走進這個市場，西西里島人民的日常生活就在眼前鮮活了起來。新鮮的番茄，又大又飽滿的血橙，剛捕上來的漁獲，濃厚刺鼻的乾酪，夾雜著義大利風乾火腿的香味。她一路走著，一路和各個小販點頭打招呼，賣著新鮮蔬菜手臂刺青的小哥兜售著剛採收的甘藍，熟識的魚販大叔挺著啤酒肚對著她展現一隻剛補獲的鮪魚；她不急不徐地伸手檢查魚的眼睛，轉身又把蔬菜湊近鼻子，另一手敲敲南瓜；她是市場裡的幫派老大，沉默又深不可測的氣勢，彷彿這個市場是她經營的黑手黨地盤。

最後她在我們的購物籃裡，放了彩色的甜椒，一把新鮮的羅勒，幾顆飽滿的血橙，一大把剛從海裡撈上來的淡菜，和一株我沒見過的本地蔬菜。維若妮卡的家是一個臨著海安靜的樸實房子，充滿義大利鄉村風格的廚房面對著橙子樹，樹下則是一張能曬到太陽的餐桌，餐桌上擺放著彩繪的瓷餐盤和水壺，充滿了西西里島的鄉村風情。

她首先示範了橄欖油迷迭香烤麵包，超級簡單的做法，是西西里島家庭裡餐前必備品。將麵包切片，淋上些許西西里島新鮮的特級初榨橄欖油，灑上少許的鹽和新鮮的迷迭香葉，放進烤箱烤五分鐘左右。出爐後的麵包，有好棒的迷迭香味，加了橄欖油後的麵包外脆內軟，用它來搭配沙拉或沾著淡菜、燉魚的醬汁，一起入口，絕對是完美的搭配。接著她又做了讓我驚豔的橙子沙拉。用當地的血橙和洋蔥醃漬過後，清爽甘甜又辣的口感，正好替接下來的各種海鮮菜色開了胃。下一道菜她用番茄和洋蔥在鍋中拌炒，炒到香味出來後，將淡菜加入鍋中，淋上白葡萄酒，蓋上鍋蓋悶煮，蒸氣中不小流瀉出來的香味已經讓我飢腸轆轆。她又教我們用新鮮的甜椒和洋蔥來燉煮鮪魚；甜椒和洋蔥以白葡萄酒醋拌炒出水後，加入鮪魚肚片，灑上大把的羅勒放入烤箱，出爐後，是有著味道濃厚、湯汁鮮甜的義式燉海鮮。這些，都是再平常不過的西西里家常菜。沒有什麼特別講究的工藝，卻是老奶奶們代代相傳的味道。

吃一口清爽的橙子沙拉，將迷迭香麵包沾上淡菜的湯汁，新鮮鮪魚燉煮後吸收了甜椒的甜味，她替我們倒上了本地市場釀的冰鎮白葡萄酒。風吹來的時候，我閉上眼享受西西里島鄉村的恬靜，嘴裡還留下淡菜和甜椒的味道，彷佛像是一首鮮明的田園交響曲。

我們輕鬆自在的聊著天，我好奇地問著西西里島生活的一切，她也好奇著問著我們的家鄉。台灣靠近哪裡？台灣天氣怎麼樣？台灣有冬天嗎？台灣的人都吃什麼？我突然想，能在這樣悠閒又靜謐的地方沒有壓力的過日子，幹嘛還要大費周章出城招攬客人做烹飪教學。她大概看出了我的心思。「你

知道嗎？我出生在西西里島，除了這裡以外，我沒有去過任何地方。」她似笑非笑地說：「我沒辦法出去看這個世界，所以，就讓世界來到我面前。」她說到這裡我才意識到，原來這個「世界」其實指的就是我。每天在上午九點到下午四點前的這段時光，這段只能屬於她自己的時間，她用烹飪教學接待了世界各地的觀光客。那是一種交易，她給別人西西里島，而別人給了她全世界。她只待在錫拉庫薩，卻因此遊歷了加拿大、俄羅斯、法國、日本和台灣。

我看著她，在心底開心地笑了，笑著這位聰明的義大利主婦，溫柔的背後其實也是硬底子。和東方女性有著類似的命運，在身為男性主導的義大利社會中，她們只能順從，然而當你以為這樣一抹漂亮性感的女人只能成為沒有聲音的背景，那就錯了。她們聰明獨立有想法，她們默默地在計劃自己的祕密事業。我不禁幻想著，她的先生和小孩們是否知道在他們離開家的時候，家裡這位看似沒有聲音的順從主婦，正私下進行一個屬於她自己的祕密行動；趁著老公小孩不注意的時候，自己偷偷地進步，偷偷地遊歷了全世界。當他們晚上回到家坐在飯桌上時，是否能在桌上剩餘的飯菜看到了這位主婦在白天時，和世界外遇而留下的蛛絲馬跡。我甚至覺得她像是地下的黑手黨，默默策劃著一個極度聰明又可愛的犯罪計劃。

我們最後以一杯義大利的冰鎮消化酒下肚，她不經意地看了看手錶。時針指著下午三點，離她的自由時間還剩下一小時。我們覺得自己該起身告別了，但她似乎不捨得結束。「嘿！我有個私密的景點，妳們要不要去？」於是她帶著我們坐上車，一路開到了海邊。她帶著我們穿過了沙灘和樹欉之間彷彿只有她知道的祕境後，錫拉庫薩的海在我們面前迎來。我們分坐在不同巖石上，安靜地看著海，「每天下午，我都會自己來這裡坐一下。」海風吹著，我們誰都沒有說話。我望著她，坐在那裡看著遠方的海，她在想什麼？她在看著什麼？她曾經想要去世界探索嗎？她是否曾經也有夢想？

走出薇若妮卡的家，橙子沙拉的清爽鮮甜味還留在嘴裡。西西里島的風和太陽還是照常著吹著。突想間我仔細地想回憶起電影《教父》裡出現的女人們，卻一個也想不起來。原來我們一直以為黑手黨老大們是西西里島的主角，卻忘了他們背後那些被忽略的女人們，其實才真正的有故事。她們每個人可能都在沒有被關注的時候，默默地策劃著屬於自己人生的祕密。

她們，才是西西里島真正的老大。

RECIPE

西西里島橙子沙拉

西西里島的日曬充足，火山地的特色讓西西島的農產品特別豐盛，也造就了西西里島的橙子飽滿香甜的果肉。雖然血橙是當地特色，但除了血橙深紅色果肉的品種外，一盤的橙也特別甜，毫無酸味。這道橙子沙拉幾乎在每家餐廳都能吃到。做法是將橙肉切開拿出，把白色的果皮剝除乾淨以免留下苦味，橙肉去子切片，將洋蔥切細，淋上義大利產品質極佳的特級初榨橄欖油，放上切碎的義大利西芹，灑上些許海鹽，稍作攪拌後放入冰箱冷藏醃製三十分鐘以上。

一開始以為橙子的酸和洋蔥的嗆，會產生鮮明而尖銳的口感，沒想到因為西西里島橙特有的香味和甜味，與新鮮的橄欖油混和在一起，洋蔥的尖辣被柔和了，吃一口在嘴中，冰涼的香甜像是把舌頭徹底的洗禮了一番，只剩下清爽乾淨的口感，好為接下來主食的饗宴做了徹底的準備。

第十七章

今天想做什麼菜？

我盯著冰箱已經十分鐘了。裡頭是滿坑滿谷的菜，堆到門都快要關不起來了。它們都包裝精美，躺在各自屬於它們的盒子裡，套上漂亮透明的保鮮膜。蘆筍一塵不染地整齊綑綁成了一束，蘑菇擦得白皙晶亮，迷迭香被裝在透明的盒子裡，油亮亮的生菜也被完美地裝在了密封塑膠袋裡。冰箱的下層，還有真空包裝精心處理好的蝦，以及冰凍好貼著標籤寫著M5＋級肉眼牛排。我還是繼續盯著冰箱，十五分鐘了，完全沒有食慾，也實在提不起勁動手做菜。罷了，關起冰箱，坐回沙發，和過去的那十九天一樣，我繼續滑著手機看著外賣平台，百分之八十的餐廳顯示著暫停營業。

天哪！我今天到底該煮什麼？

上海市封閉式管理的第二十天，足不出戶的我，陷入了一種身體強健卻精神脆弱的狀態。我想，全上海市民此刻都是和我一樣的心情。在新冠肺炎疫情的蔓延下，出現了一種非常荒唐的分離焦慮症。明明一切都是如此縝密與紀律，精神卻經不起一絲一毫的考驗。網路上流傳的笑話是，上海人此刻心心念念的報復性行為，是衝到公司與同事一起瘋狂加班二十個小時不停。沒有了人與人之間的互動，精神已漸漸出現了幻覺。即使上海這個高度現代化的城市網絡讓生活物資完全沒有停擺，但日常街道上那些穿著睡衣在街頭曬太陽的可愛大媽不見了，剛從理容院出來一頭油亮白淨的男人不見了，叼著煙手臂刺青騎著電動車的老外們也都不見了。

雖然手機一滑，要買什麼，就有什麼。新鮮食材一袋袋地從超市送過來。但看著冰箱，還是一點食慾都沒有。

有什麼重要的東西不見了。

我們像一群紀律嚴謹的好學生，各自躲在自己的繭居宅裡，透過高科技讓這個城市一如往常的運作，卻得每天在睡前服下藥丸，提醒自己這世界還有其他生物和自己一樣活著。非常渴望與人互動，想念那種人與人面對面的交流，想走出去和路過的人們聊天，想要走在街上還得小心閃避衝到身邊的腳踏車。

尤其想去菜市場。我真的愛極了逛市場，特別喜歡市場裡日常生活的氣息。走到特定的舖子，經過那些臥虎藏龍深藏不露的高手，熟悉地和對方打招呼，不需要特別說什麼就能拿出你想要的東西。早上才從海底撈出來的蚌殼，還黏著泥土的新鮮蘑菇，沾著春天氣息的蠶豆，再從箱子底下拿出來特別為妳保留的上等牛里脊。「今天做什麼菜？」沒有想法的時候，去市場繞一圈，總能得到意外的靈感。「今天有新鮮剛採收的蠶豆，你可以用它來炒雞蛋，特別好吃喔！」「今天的春筍特別好，要不回去燉個湯？」市場裡的小販總是熱情又溫暖的招呼我。特別想吃牛排的那一天，我想起了上海法租界裡一家常去的肉舖。繫著白色圍裙的主人從廚房裡探著頭出來熱情招呼。在櫃子前糾結了半天的我始終不知如何下手。「嘿！今天想做什麼？喔，牛排！想要什麼樣的口感？烤箱什麼樣子的？……喔！那你適合買這個部位的肉，要記得先醃過喔。醃醬知道怎麼做嗎？」於是他又轉身從櫃子裡拿了一小罐第戎芥末醬塞到我手裡熱情洋溢笑著說：「這個送你，祝你今晚做飯成功！」從肉販手中拿出來以油紙包好的肉，感覺上面傾注著一個肉販的熱情，還呼吸著這城市的人味。

也因此無論旅行到哪個城市，我一定會抽空去當地的菜市場。從本地人的市場裡，去找那些毫不掩蓋沒有過度包裝的生活痕跡。在市場裡，淘一些只有本地人才知道的食材，翻翻稀奇的二手餐具，空著肚子去，飽食市場裡各種新鮮小吃和零嘴。坐在街邊看著賣東西的人，也看著買東西的人，那個城市的印記也因此鮮活了起來。

我想起那些旅行中充滿回憶的菜市場。週六早上十點倫敦的波羅市場。位在倫敦橋下的古老市場，一千多年來忠心耿耿地守住了倫敦的胃。市場裡有一如既往的吵雜，小販叫賣的聲音，買菜人的還價聲和倫敦橋下列車開過的轟轟聲，形成一首美妙的早晨協奏曲。綠色的鐵柱在橋下結合著空氣中的雨氣，我穿着雨鞋拉著衣領子走在市場裡看著那些倫敦人每天搶著買的新鮮麵包、肉品、火腿，咖啡以及甜點。列車經過時震著橋下有些許的晃動，讓人興奮。啊！這就是倫敦！「嘿！女士，今天來點生蠔嗎？」穿著連身工作服繫著圍裙腳上套著雨靴留著鬍渣手臂上刺青的年輕英國男子，一手拿著小刀另一手拿著大生蠔，「啪！」的一聲，熟練地在我面前打開了生蠔。整排販售著新鮮海產的攤位有海水的鹹味，我環顧四周，一個個路邊隨意擺上的小桌，已有些倫敦人圍繞站在木桌旁，悠閒地大啖生蠔喝著汽泡酒，地上任意丟著剛採買的大包小包食材。我當然是入境隨俗，週六早上來杯汽泡酒，在新鮮的生蠔上滴上幾滴新鮮的檸檬汁，坐在生蠔攤前看著倫敦人的生活，有什麼比這個來得更愜意？

我又想起一位日本朋友曾帶我去的舊東京築地市場。在築地市場還沒改遷之前，我和日本朋友穿越了好幾條小巷避開了觀光客，最後來到一間當地漁販下工後吃飯的食堂。推開門，撥開門簾走進小食堂，就被那樣充滿活力的氣氛給驚喜到了。身邊的漁販們披著毛巾，下工後日常生活的對話和笑聲，正好襯著我手中豪邁質樸的新鮮海膽和握壽司。我一邊大口吃著一邊感到：「啊！這群人就是帶動東京整個漁獲市場的命脈啊！」突然有一種深深的敬意和感動，甚至想要舉杯啤酒對他們致敬。還有義大利佛羅倫斯百花大教堂旁的中央市場，穿過一攤攤賣著上百種形狀的義大利麵條，各種彩色的奶酪以及風乾的薩拉米火腿，最後來到各種新鮮的肉製品攤前。遠方飄來燉煮的香味，順著味道才知道原來是知名的佛羅倫斯牛肚三明治。牛肚三明治用牛的第四個胃放入胡蘿蔔、洋蔥和芹菜等蔬菜高湯進行燉煮至軟爛後切碎，加上一匙羅勒青醬，夾在義大利小圓麵包裡。一口咬下去，牛肚吸收了蔬菜的高湯，清爽不膩，青醬的味道正好提昇了牛肚的鮮味。小販遞上一個用紙杯裝的紅酒，坐在市場裡吃著三明治，一邊想著接下來要去買些醃漬番茄和乾辣椒回家給自己做盤義大利麵。想著想著，一不小心就誤以為自己是住在佛羅倫斯的當地人了。

除了這些外，回憶裡當然還有里斯本 Time Out 市場裡的各種醃漬鯷魚罐頭，普羅旺斯亞維儂中央市場裡令人眼花繚亂的香料鹽，當然，還有我的家鄉台北南門市場的台製香腸和臘肉。

現在的我坐在上海家中，超商陸續送來了一袋袋在網路上下單的菜。把精美漂亮的菜從袋中取出來放入冰箱，我突然想起了家門轉角那個常去的市場。雖然近在咫尺，現在卻感覺遠在天涯。市場裡有個專門賣蝦和螃蟹的小姑娘，二十多歲，細細的眼，白嫩的皮膚，明朗的笑容。每次經過她的攤前都會熱情地和我打招呼：「唉呀！你好久沒來了！今天想做什麼菜？要不要試試新鮮的草蝦？」常常當天我根本沒有買蝦、買蚌殼的計畫，但每次看到她開朗的笑容以及對自己食材特別有信心樣子，就會不禁聊起天，然後莫名地提了一袋新鮮的草蝦、或剛從海底撈上來的蚌殼、或當季的大閘蟹回家。

「好吧，那今天就來做蛤蜊雞湯吧！」「那今天來弄蒜味油蝦吧」「那今天拿蟹黃煮粥吧！」為了不辜負菜市場裡小販熱情挑選的新鮮食材，餐桌上因此常常出現意外的驚喜。本來完全沒有在計畫中的新鮮草蝦，就隨手以橄欖油做成蒜味蝦，配上麵包、沾著香噴噴的醬汁，就成了一餐。

「今天想做什麼菜？」浮起這個念頭的同時，正看著新聞裡不斷重覆播放著世界疫情的蔓延，想著那些在我心中留下深深印記的托斯卡尼、巴黎、巴塞隆納和紐約，甚至是我的家鄉台北，那些曾在街角和我擦身而過的人們，那些市場裡，咖啡店裡友善對我招呼問候的可愛人們，現在正在恐懼著，正上演著令人擔憂的生存危機。心中五味雜陳。我感到這個世界似乎正在以一種我們無法理解的方式，悄悄地改變著。

望著窗外上海溫暖的太陽，好想趁著上海的春天騎著自行車到轉角的菜市場，和小販們聊聊「今天做什麼菜」，翻翻這個菜，聞聞那個蝦，然後提著一袋驚喜回家。可惜，這樣的日子不知道還要多久才會到來。我想起了市場裡那位賣蝦的小姑娘，封閉了近一個月的市場不知道是否影響了她的生計，不禁為她擔心了起來。

RECIPE

橄欖油蒜味大蝦

沒有什麼比市場直接買來的新鮮食材，以最簡單的烹調方法，趁著新鮮立刻料理來得令人開心。新鮮的蝦，去殼、去掉蝦腸，將一整顆大蒜切成泥備好。冷鍋時倒入足量（蓋過蝦）的特級初榨橄欖油，放入蒜泥，開中火直到蒜香飄出，放入蝦煎至變色翻面。最後灑上海鹽，新鮮的碎香芹（Parsley）以及幾滴檸檬汁起鍋。用麵包沾著被大蒜和蝦爆香的油，配上白葡萄酒，就是簡單卻又豪華的一餐。

VIEW 80

當冰箱只剩下烏魚子

從世界走回自己，從外在轉向內心，來一場人生優雅的斷捨離

作　者—蘇宇鈴
主　編—李筱婷
企　劃—江季勳
美術設計—兒日設計
董事長—趙政岷
出版者—時報文化出版企業股份有限公司
一〇八〇一九台北市和平西路三段二四〇號七樓
發行專線—（〇二）二三〇六—六八四二
讀者服務專線—〇八〇〇—二三一—七〇五
（〇二）二三〇四—七一〇三
讀者服務傳真—（〇二）二三〇四—六八五八
郵撥—一九三四四七二四時報文化出版公司
信箱—10899 臺北華江橋郵局第 99 信箱
時報悅讀網—http://www.readingtimes.com.tw
時報出版愛讀者—http://www.facebook.com/readingtimes.fans
法律顧問—理律法律事務所　陳長文律師、李念祖律師
印刷—勁達印刷有限公司
初版一刷—二〇二〇年五月十五日
定價—新台幣三五〇元
（缺頁或破損的書，請寄回更換）

時報文化出版公司成立於一九七五年，
並於一九九九年股票上櫃公開發行，於二〇〇八年脫離中時集團非屬旺中，
以「尊重智慧與創意的文化事業」爲信念。

當冰箱只剩下烏魚子：從世界走回自己，從外在轉向內心，來一場人生優雅的斷捨離 / 蘇宇鈴著 . -- 初版 . -- 臺北市：時報文化，2020.05
256 面；14.8x21 公分 . -- (View ; 80)

ISBN 978-957-13-8202-9(平裝)

1. 人生哲學 2. 生活指導 3. 修身

192.1　　109005818

ISBN 978-957-13-8202-9
Printed in Taiwan